# KAKÁ WERÁ

Organização da coleção Tembetá
**Kaká Werá, Idjahure Kadiwel e Sergio Cohn**

Projeto gráfico e foto
**Sergio Cohn**

**ISBN** 9786586962345

**Azougue Press**
**Coordenação geral** Sergio Cohn
**Brasil** | CNPJ 12.272.339/0001-26
**Portugal** | NF 515805394
**USA** | E. Id. 803650511
**Coordenação editorial** Sergio Cohn | Darien Lamen
**Chile** | Tucán Ediciones RUT 77.369.106-1
**Coordenação editorial** Sergio Cohn | Cristián Jiménez Plaza

**Azougue Press: mais que uma editora, uma ponte entre culturas**

A coleção Tembetá traz a trajetória de pensadores indígenas no Brasil que têm contribuído para a cultura, a educação, os direitos humanos e a ecologia nos últimos quarenta anos. São personalidades que têm dedicado suas vidas a causas que vão além das suas respectivas culturas e que têm sensibilizado a sociedade humana como um todo.

A palavra tembetá é de origem tupy. Trata-se de um adorno usado no lábio inferior no rito de passagem que indica maturidade e capacidade de pensar e falar pelo seu povo. Por isso foi escolhido como símbolo desta coleção. Quando observamos a história oficial do Brasil até o início da década de 1990, praticamente toda a literatura e os documentos sobre os povos originários foi produzida pelos ditos "conquistadores" e seus descendentes. Foram raríssimas as vezes em que os próprios nativos falaram representando suas raízes, valores e visão de mundo.

A ideia central do projeto é dar voz narrativa àqueles que trazem a marca da ancestralidade em sua jornada de vida neste país. Para isso, cada edição reunirá intervenções escritas e orais (entrevistas, palestras e depoimentos) de grandes pensadores e pensadoras indígenas surgidos no Brasil desde a década de 1970.

A trajetória dos líderes, pensadores, ativistas e artistas escolhidos para compor a coleção serão disponibilizadas com o intuito de promover reconhecimento, reflexões, inspirações, e sobretudo apontar as contribuições de culturas milenares do Brasil representadas por alguns de seus expoentes.

É preciso dizer que hoje no Brasil são cerca de 380 povos chamados indígenas cujas origens remonta de 5 mil a 12 mil anos. Quase um milhão de remanescentes, dos quais algo em torno de 450 mil pessoas habitam as florestas e os demais habitam centros urbanos em praticamente todos os estados brasileiros. Além disso, pesquisas da UFMG (Universidade Federal de Minas Gerais) de 2005 na área da genética apontam que 63% do povo brasileiro considerado "branco" tem origem tupy. Ou seja, no país temos presentes raízes de culturas ancestrais nos mais diversos matizes de mestiçagem e ao mesmo tempo não damos voz histórica aos remanescentes destas origens. Isso causa uma sensação de negação de um si mesmo coletivo que reflete também na negação dos direitos humanos das gerações atuais que insistem em viver de acordo com seus valores e visões de mundo. Talvez o Brasil seja o único país do mundo que considera "estrangeiro" o nativo, e nativo o estrangeiro.

O desconhecimento das "vozes ancestrais" é oportunizado negativamente por uma parcela da sociedade com o preenchimento de um imaginário de destituição de dignidade dos descendentes das culturas milenares desta nação plural e diversa hoje chamada Brasil. Constantemente exploradores de minérios, senhores dos agrotóxicos (envenenadores da terra), cultivadores de experiências transgênicas, desmatadores da vida, difundem uma ideia pejorativa, folclórica e negligente de toda uma riqueza imaterial presente no modo de ser e de pensar destes inúmeros povos. Por isso esta coleção é mais de que uma publicação de uma série de livros. É dar voz a um Brasil que também somos.

**Kaká Werá, organizador da coleção**

## ENTRE-VISÕES



## SOBRE-VISÕES



## COSMO-VISÕES

Kaká Werá

Esse livro é uma pequena coletânea de artigos e relatos que escrevi e entrevistas selecionadas entre os anos de 1992 até 2014. Alguns escritos foram publicados inicialmente em revistas e jornais, outros em participação em seminários e congressos dedicados à questão indígena, ambiental e também aos estudos antropológicos. Algumas palestras ocorreram fora do Brasil, em países como Inglaterra, França, Estados Unidos e Índia. Em comum, estes escritos trazem um resumo das causas com as quais atuo nos últimos 30 anos: a questão indígena, a questão ambiental e a espiritualidade a partir de um contexto fundado na sabedoria ancestral no Brasil.

Quando revejo que os temas dos quais participo desde meados da década de 1980, buscando resolução de conflitos entre os meus parentes remanescentes de culturas ancestrais e uma mentalidade devastadora social e ambientalmente que proliferou nas Américas a partir da Europa na Idade Média, fico triste por perceber que ainda são os mesmos que me preocupam no Brasil atual: dizimação de etnias, preconceitos com remanescentes e descendentes de povos nativos, invasões em terras tradicionais por causa de ouro, diamante, minérios, madeira, espaço territorial, causando desmatamento, doenças e misérias sociais. Infelizmente observo que são esparsos e poucos os resultados em direção à justiça, inclusão social, equilíbrio ecológico e respeito à pluralidade cultural.

No início dos anos 1990, havia uma visão no imaginário do Brasil de que o índio estava por desaparecer, fazia parte de um passado, até que uma situação ocorrida no coração da Amazônia, um terrível massacre contra os Yanomâmi realizado por interesses de exploração do ouro e diamante na região no ano de 1993, revelou duas coisas: que as raízes que fundaram a nação brasileira não estavam sumindo e que o drama do relacionamento entre culturas ancestrais e aquelas que vieram após o período cabralino, que iniciou com o retalhamento do Brasil em capitanias hereditárias para exploradores aventureiros, ainda não havia se encerrado.

Além disso, a morte de um Pataxó ocorrida nesta mesma época em Brasília, vítima de jovens urbanos supostamente "civilizados" e bem educados, que atearam fogo no cidadão indígena em uma noite de triste memória; simbolicamente era a tentativa de atear fogo no Brasil mestiço, no Brasil caboclo, no Brasil daquele índio que, independente de nascer em uma floresta, precisava ter uma validação antropológica para ser tutelado pelo estado. Teimava em ser índio por herança genética, cultural e anímica e por isso lutava pelo seu espaço na sociedade.

No início da década de 1980, até o ano de 1992, convivi com os guaranis da região de Parelheiros, extremo sul da cidade de São Paulo, área que demarca os limites da periferia paulistana e o início da Serra do Mar. Ali aprendi uma cosmovisão milenar e ao mesmo tempo me deparei com a difícil realidade social de um povo na beira da metrópole, destituído de respeito e cuidados por parte da sociedade envolvente. Naquela época, perante a opinião pública, e também diante de determinadas visões supostamente antropológicas, aquele povo da serra que se estendia até o litoral paulista eram meramente chamados de caiçaras. Senti a necessidade de expor a visão dos guaranis para a metrópole paulistana e como estratégia fui atrás de espaços culturais e escolas para apresentar palestras e apresentações culturais. Com o tempo, isso evoluiu para um projeto mais definido, com programas organizados em oficinas e intercâmbio de várias etnias do Sudeste e do Nordeste brasileiro, participando e revelando suas táticas de resistência, sobrevivência e transformações sociais pelas quais passavam.

Nos anos 1990, remanescentes e descendentes de povos do Nordeste e Sudeste brasileiro, morando em bairros e favelas, iniciam um processo de retomada de orgulho de suas origens étnicas ancestrais e passam a buscar em suas memórias coletivas e na interação com diversos grupos de mesma matriz cultural o reavivamento de suas identidades, valores, éticas e maneiras próprias de organização social. Foi nesse período que fundei, em 1994, com a educadora e líder social Elaine Silva e a participação de amigos de algumas etnias nordestinas – pataxós, kariris, fulniôs e caboclos – o Instituto Arapoty, com a finalidade de valorizar estas identidades e ocupar espaços nas áreas urbanas para suas expressões. Criamos projetos, ações com focos em educação para valores humanos entremeados com empreendedorismo e geração de renda. Tudo isso me valeu o ingresso, em 2005, na Ashoka Empreendedores Sociais. Posteriormente, a convite da Bovespa, que fundou a Bovespa Social e Ambiental, passei a fazer parte de seu conselho em ações socioambientais. Percebi que isto era o resultado de ter insistido em difundir o coração de uma cultura milenar, seus valores e visões de mundo, e de ter aberto um caminho que a dignidade cultural fosse acompanhada de autonomia econômica aliada com a preservação do ambiente.

Em São Paulo, participei de movimentos como a Embaixada dos Povos da Floresta, no fim dos anos 1980, que agregou líderes como Chico Mendes, Davi Yanomami, Álvaro Tukano, Ailton Krenak, Moura Tukano, alguns xavantes da Serra do Roncador e da região de Sangradouro e os guaranis do litoral paulista, entre tantos outros que colaboraram para dar uma unidade à diversidade de culturas, a partir de desejos em comum de justiça social, participação cidadã e cuidado ambiental.

A partir de 2010, o IBGE (Instituto Brasileiro de Geografia e Estatística), quando faz levantamento sobre cidadania no Brasil, já considera a pessoa que se autodeclara índio. Isto indica que houve uma abertura para o entendimento de que o índio é plural, mestiço e diverso. No entanto, os meios de comunicação ainda transmitem notícias referentes às culturas indígenas somente relativas a questões onde predominam o folclorismo, o exotismo, ou quando querem associá-los a um suposto estorvo ao progresso. A partir do ano de 2010, o censo estatístico revela que existem quase 900 mil pessoas de origem indígena no país, espalhados em todos os estados do Brasil. Surpreendentemente os maiores contingentes estão em São Paulo, Rio de Janeiro, Mato Grosso do Sul, Bahia e Amazônia. Mais da metade destas pessoas vivem em regiões urbanas e enfrentam tanto quanto qualquer outro cidadão brasileiro desafios nas áreas da educação, saúde, cultura e inclusão social.

A defesa das florestas, dos rios, do ar limpo e do manejo adequado aos recursos da Mãe Terra tem aproximado pessoas, povos e culturas milenares. Assim como a luta contra a discriminação e o racismo. Mas em pleno século XXI ainda existem, infelizmente, para uma grande parte da população visões distorcidas a respeito das raízes ancestrais do Brasil e dos atuais frutos delas, com seus matizes e desafios contemporâneos. Por isso a proposta aqui é oferecer um espaço para refletirmos juntos, sobre que Brasil é esse que verdadeiramente somos.

*O presente livro é dedicado a Elaine Silva, líder social e fundadora do Instituto Arapoty, e, in memoriam, a Moura Tukano, articulador da Coordenação das Organizações Indígenas da Amazônia Brasileira.*

# ENTRE-VISÕES

# TRAJETÓRIA DE UM MENSAGEIRO-RELÂMPAGO

Entrevista por Sergio Cohn
Brasília, abril de 2017

**Kaká, conta um pouco da sua infância. Onde você nasceu?**

Meu nome é Kaká Werá, e eu nasci em 1964, na capital de São Paulo, numa região que hoje é periferia da cidade. O registro do meu nascimento está no bairro do Tucuruvi, mas eu morei durante muitos anos na periferia da zona sul de São Paulo, numa região próxima a Parelheiros. E a minha história é a história de alguém que nasce na periferia de São Paulo, filho de pais que têm a sua origem no norte de Minas Gerais, na região próxima a Montes Claros, uma região que antigamente era conhecida como Grande Abrigo. Região de antigos tapuias. No decorrer da minha primeira fase de vida, eu cresci como qualquer pessoa, qualquer menino da periferia de uma grande cidade como São Paulo, e num determinado momento da minha vida eu conheci os guaranis. Os guaranis me acenderam o interesse de saber quem eu sou, qual é a minha origem maior. Quando eu conheci os guaranis, eu já estava no período do que seria a adolescência, já entre meus quinze anos. E naquele momento a questão indígena, que é a questão central da minha vida nas últimas décadas, não era algo que estava na presença do meu horizonte. A questão indígena enquanto causa. Ali estava a questão indígena enquanto origem, enquanto enraizamento, enquanto afirmação de valores. A primeira fase da minha vida transcorreu com essa característica. Meus pais eram de origem de povos que eram chamados de desaldeados. Eram índios desaldeados. E eles já saem da região de Minas Gerais, onde habitavam em pequenos sítios, trazendo toda uma história de ocultamento das suas origens. Não era bem uma história de negação, mas de ocultamento, porque aquela região do norte de Minas, do sul da Bahia, é uma região onde todos os povos daquele período para trás foram perseguidos. Muitas aldeias foram invadidas, muitas aldeias foram queimadas. Na verdade, eu não sei muito bem a história dos meus bisavós, por exemplo. Mas depois, buscando conhecimento, buscando compreender, eu descobri que era uma região muito crítica, muito perigosa para os povos locais. De maneira que meus pais migraram para São Paulo à procura de um novo rumo. À procura de trabalho, à procura de sobrevivência. E é nesse contexto que eu nasci e vivi a primeira fase da minha vida.

Quando eu conheci os guaranis, a minha mãe já havia feito a passagem. Minha mãe morreu quando eu tinha nove anos de idade. E no meu período de 16, 17 anos, meu pai fez a passagem. Então eu era uma pessoa sem pai nem mãe e que tinha uma inquietação para reconectar com as suas raízes, com as suas origens. E a minha referência na época era os meus vizinhos mais próximos, que eram os guaranis. E de início a minha relação com os guaranis não foi uma relação pela causa indígena, mas pela causa ecológica, porque os guaranis habitavam de um lado de uma represa, chamada represa Billings, e eu habitava do outro lado da represa. E essa área, essa região de águas, já tinha uma densidade de poluição muito grande nos meados dos anos 1980. Naquela época eu já tinha uma preocupação ecológica que vem da minha relação com amigos de escola, do movimento estudantil. Eu fiz parte do movimento estudantil, de um grupo que tinha a preocupação já naquele momento com a degradação ecológica pela qual São Paulo passava, e a degradação da Mata Atlântica. A região que eu morava era fronteira da periferia de São Paulo com o início da Mata Atlântica, da Serra do Mar. Então esse era o contexto do primeiro cenário da minha vida.

**Você me contou que durante o movimento estudantil você chegou a estudar russo. Como foi isso?**

A minha época de escola foi ao mesmo tempo rica de possibilidades, de efervescência, de conhecimento, e também conturbada. A escola foi um ambiente que eu gostava muito, e ao mesmo tempo foi o lugar onde eu pude cumprir inicialmente um desejo do meu pai. Meu pai achava que nós, os filhos dele, tínhamos que adquirir bastante conhecimento e estudar bastante, porque ele via que era a única maneira da gente conseguir dar uma volta por cima em relação à nossa realidade de muitas dificuldades. E ele já intuía que era uma maneira, um meio da gente poder defender a nós mesmos. Não defender naquele momento exatamente uma cultura, mas defender uma condição melhor. Ele tinha uma preocupação muito grande com relação a isso, porque foi uma pessoa que aprendeu tudo sozinho – ler, escrever, se movimentar dentro de uma cidade grande. Foi muito autodidata. E na escola eu era uma pessoa totalmente voltada para o aprimoramento pessoal. Desde o início, desde quando eu comecei a aprender a ler e escrever, a literatura, a leitura foi uma coisa que eu me afeiçoei profundamente. No entanto, quando eu chego ao primeiro colegial – naquela época nós chamávamos de colegial – eu ingressei num movimento estudantil. Naquele momento nós tínhamos uma realidade nacional bem conflitante, nós tínhamos uma revolta muito grande por conta da questão do militarismo. Eu peguei os últimos anos da ditadura militar e vivi toda a dificuldade de quem queria se expressar ou aumentar o seu conhecimento naquela época. E já tinha todo um questionamento em relação à minha condição. E o movimento estudantil me proporcionou buscar conhecimentos sociais. Eu queria entender o que se passava, entender a sociedade. Nós recebíamos muita influência na época dos movimentos de libertação da África. Tinha já naquele momento uma predileção pelo movimento de desobediência civil, de ações como as que o Gandhi tinha conduzido na Índia. Chegava até nós essas informações, e eu me envolvi no movimento exatamente preocupado com a questão social e naquela época já a questão ecológica.

Eu fui fazer parte de um grupo de estudos sociais, dentro de uma parte do movimento que se chamava Alicerce da Juventude Socialista. E havia vários núcleos, a gente chamava esses núcleos de reuniões de estudo, de células, inclusive, porque já era a preparação para construção de partidos clandestinos, porque ainda não havia condições de ter partidos. Só existiam dois partidos: de um lado o MDB e do outro o Arena. E nesses grupos de estudos, num determinado momento, amigos falaram que para que eu pudesse aprimorar o entendimento da sociedade era importante que eu aprendesse russo. E eles me ofereçam um curso de russo, com a proposta que eventualmente eu pudesse depois completar o aprendizado fora, quem sabe na própria Rússia. Eu me lembro desse episódio. Daí eu fui estudar russo, e quando chegou lá pelo quarto ou quinto mês, eu falei: "Peraí, mas o que eu estou fazendo estudando essa língua?" Eu tinha um interesse da minha parte, inclusive por conta questão literária, mas eu senti que tinha que estar estudando outra coisa. No meu entendimento, eu tinha que estar aprendendo, ou reaprendendo, a minha língua ancestral. Foi daí que me deu um clique, e foi nesse momento que eu voltei a procurar novamente os guaranis.

Para você ter uma ideia, no município de São Paulo nós temos duas grandes aldeias Guarani. Uma na zona norte da cidade e outra na zona sul. Naquela época, eu morava justamente próxima da aldeia Guarani da zona sul. E aí eu comecei uma relação com essa comunidade. Como eu era uma pessoa, do ponto de vista da minha condição familiar, livre e afinada, alinhada, identificada com os guaranis, eu fui ficando lá na comunidade. Fui acolhido amorosamente por algumas lideranças, entre elas o Karai Mirim, Guirá Pepó e Alcebides Werá. O Werá era um grande pajé, um grande sábio, já era um ancião, e ele cuidava da parte da aldeia de cima. A aldeia guarani é dividida em dois aldeamentos: a aldeia de baixo, que era chamada de Morro da Saudade ou aldeia da barragem, porque fazia limites justamente com a represa, e a parte de cima, que é a aldeia de Krukutu. E aí eu me familiarizei com o Werá, tanto quanto com o Karai Mirim, que foi o nosso primeiro líder Guarani de São Paulo. Ele era professor de história numa escola pública. E me enfronhei e comecei a fazer parte de um grupo de pensadores do povo Guarani. Mas a minha condição naquele momento era de ajudante, de mensageiro. E também de pesquisador. Eu aproveitei muito a presença do Werá, que já tinha lá seus oitenta anos, e dos mais velhos, e fiz inúmeras entrevistas, porque num determinado momento da minha relação com os guaranis surgiu a ideia de criar dentro da aldeia Guarani um centro de cultura e de educação indígena. Essa ideia nasceu em meados dos anos 1980. Eu participei não da ideia em si, mas do grupo que buscava apoio, buscava recursos, buscava sensibilizar a sociedade não-indígena para que essa ideia se transformasse numa realidade. Eu fiz parte desse movimento, que era muito ligado, já naquela época, à cultura e à educação. Que eram justamente os aspectos com os quais eu mais me identificava. Isso me propiciou a estudar, viver, experienciar profundamente a cultura Guarani.

No ano de 1987, eu fui batizado, num rito chamado Nimongaraí. Os guaranis tem essa tradição de que todo aquele parente, seja índio ou não-índio, que se torna um amigo, que constrói uma relação profunda com eles, começa a ser tratado como se fosse um deles através desse batismo sagrado. E foi nesse momento que eu ganhei o nome de Werá Jecupé. Jecupé quer dizer guardião. Um guardião da comunidade, da cultura. Eu me via muito mais como mensageiro. Werá significa raio, relâmpago. A tradição Guarani é profundamente religiosa, e Werá é um dos nomes que vem das divindades criadoras. A palavra Werá é ligada a Tupã, que, como é sabido de maneira geral, é um dos nomes do criador da tradição Guarani. Então Werá Jecupé, se for traduzir de maneira literal, é algo assim como "relâmpago guardião". Mas de outra maneira, de uma maneira mais social, ele representa uma figura, uma pessoa, que é acolhida como um irmão, um membro da comunidade, e que tem uma missão de guardar e passar a cultura dessa comunidade. Foi um nome que me deu muita honra e também muita responsabilidade. E marcou para mim o início de uma relação profunda com essa cultura, que eu mantenho até hoje.

E foi nesse período que eu conheci algumas das grandes lideranças indígenas do Brasil, que para mim foram meus professores de tradição. Conheci o Ailton Krenak, que ia muito visitar a nossa aldeia, a comunidade que eu morava. Conheci o Daniel Munduruku, que virou um grande parceiro. E também muitos outros parentes, porque pelo fato de ser uma aldeia na grande cidade ela era muito visitada. Os xavantes, por exemplo, iam muito nos visitar, porque na época o Ailton Krenak tinha uma parceria com eles em um projeto.

**E como estava o movimento indígena nessa época?**

O final da década de 1980 foram anos terríveis para a causa indígena. Existia uma ideia vigente, na mídia, na sociedade, de que os povos indígenas estavam sendo extintos. O censo dizia que só havia 180 mil índios naquela época, e as pessoas realmente acreditavam que eles iriam sumir. Esses parentes iam lá com a ideia da gente se fortalecer, se reunir. Já existia na época a UNI, a União das Nações Indígenas, que foi uma necessidade que surgiu na geração anterior de nossas lideranças – o Ailton, o Álvaro Tukano, o Marcos Terena. Então esses parentes iam para as comunidades para discutir, e para fazer essa reflexão sobre a necessidade da gente estar junto, fortalecendo nossos elos. Como a comunidade Guarani daquela época, através das suas lideranças, especialmente Karai Mirim e pajé Werá, lutavam pela criação de um centro de cultura, para fortalecer a cultura Guarani e para a gente conseguir demarcar a área Guarani, as terras guaranis locais, é claro que a gente se sentiu totalmente favorável em participar dessa União. Quando eu fui falar pela primeira vez na UNI, eu pensei que aquele era um bom lugar para atuar. Os nossos parentes guarani pensaram a mesma coisa, e os nossos laços com Ailton, com Daniel, com Álvaro, foram se estreitando. Ao mesmo tempo, acontece uma situação em São Paulo que nos favoreceu no ponto de vista da organização. Em 1988, foi eleita a primeira prefeita mulher da cidade de São Paulo, a Luiza Erundina. E a gestão dela abriu espaço, dentro da área da educação e da área da cultura, para a questão indígena. O que também era uma coisa inédita. E nós fomos trabalhar dentro dessa gestão, com foco exatamente de fortalecimento cultural e de difusão cultural. Eu, particularmente, fui trabalhar com a difusão da tradição Guarani dentro da cidade. O Ailton ajudou a criar e coordenar uma ação na época chamada Embaixada dos Povos da Floresta, na antiga Casa do Sertanista. E foi ali na Embaixada dos Povos da Floresta que eu compreendi melhor a minha atuação. Eu pude perceber a importância da causa indígena não só para os guaranis, mas para toda a diversidade, toda a pluralidade de culturas.

Foi nessa época que eu conheci o Davi Yanomami, assim como outras grandes lideranças. E a minha relação com esses parentes foi de discípulo, de aprendizado. Nesse período de tempo eu convivi com todos eles, dando suporte na construção de reuniões, encontros, seminários, eventos. Trabalhei muito fazendo essas pontes, essas articulações para construir lugares de relação com a sociedade, principalmente nos espaços de cultura e nos espaços educacionais, nas instituições e nas escolas. Nós fomos construindo um diálogo com a sociedade, e isso ao longo do tempo foi fazendo com que a sociedade tivesse um acesso mais direto ao pensamento, à visão de mundo, aos costumes das diversas culturas indígenas. Esse sempre foi o meu ponto de partida: a base da minha luta pela causa indígena foi na construção de pontes de relação, para haver diálogos e para haver somas. Eu entendia já naquele momento que nós tínhamos que conseguir de alguma maneira o apoio da sociedade não-indígena. Era muito importante a relação entre os diversos povos, as diversas culturas indígenas, construir uma unidade nessa diversidade. Isso já era o que a União das Nações Indígenas estava fazendo, muito por conta do apoio naquela época do Mario Juruna, de todo o trabalho que o Mario Juruna realizou. Mas eu sentia também que a gente tinha que dialogar com a sociedade não-indígena e conseguir parceiros na sociedade não-indígena. E para conseguir esses parceiros a sociedade não-indígena tinha que conhecer melhor as nossas culturas. A nossa cultura era uma desconhecida até então. Ainda hoje ela é desconhecida por uma grande parcela da sociedade. Na época era mais ainda. Então o foco da minha ação foi nessa construção de diálogo. E eu já usava naquela época como estratégia, como ferramenta, as apresentações culturais. Apresentações de cantos, de danças, de músicas tradicionais. Mas sempre acompanhadas de reflexões, de debates, de interações.

**Durante a gestão da Erundina, você ajudou a realizar um documentário sobre os índios urbanos...**

Naquela época, eu trabalhei na Secretaria Municipal de Cultura, e o meu papel era exatamente promover a cultura indígena. Mas já, naquele momento, eu tinha noção de que promover a cultura indígena não era promover o folclore e não era promover o exotismo. Nós queríamos promover a realidade da cultura indígena em muitos níveis, até mesmo aspectos não reconhecidos inclusive no meio antropológico, que eram exatamente os povos, comunidades, famílias e pessoas indígenas que habitavam há décadas as grandes cidades. Em São Paulo, além das duas aldeias guaranis nas bordas do município, nós tínhamos, e temos até hoje, alguns povos morando em favelas. Só no município de São Paulo, por exemplo, para além dos guaranis, nós temos os pankararus, os xukurus, os pataxós, que são povos indígenas vindos do nordeste. São grupos, famílias inteiras, que migraram das suas regiões de origem e foram buscar trabalho, sobrevivência, na grande cidade. E até então, os índios eram apresentados como quase extintos, ou como se os únicos que restaram eram os amazônicos, afastados da civilização. E a gente percebeu a necessidade de mostrar para a população essa diversidade e essa realidade desafiadora, que é ser índio, manter seus valores, seus princípios, assimilar outros conhecimentos, outros modos de vida, e sobreviver no meio urbano. Então nós fizemos um documentário chamado "Índio e Metrópole". Nós temos um grande parente nosso, que é do meio artístico, é ator, que é o Mac Suara Kadiwel, que realizou o filme junto conosco. O Daniel Munduruku havia dado uma força conceitual, e então com o filme nós buscamos usar o cinema e os recursos que tínhamos na Secretaria de Cultura para mostrar essa outra realidade indígena, que é a do índio urbano, do índio batalhador, tanto quanto qualquer outro cidadão brasileiro, por sobrevivência, moradia, saúde, educação. Nesse sentido, nós fomos pioneiros em trazer essa realidade dos povos indígenas que ultrapassa as áreas tradicionais.

**E como começou o movimento pela literatura indígena?**

Naquela mesma época, em nossos encontros na aldeia Guarani, eu conversava muito com o Daniel Munduruku. Ele já era um educador, formado em filosofia, e dava aula em escola pública. A gente conversava muito sobre como encontrar maneiras de potencializar esse trabalho de difusão. E tanto ele quanto eu gostava muito de literatura. Eu já estava ensaiando meus primeiros escritos literários. Então nós sonhamos, naquela época não era ainda criar um movimento de literatura indígena, mas em usar a escrita para falar das nossas culturas. Para falar diretamente. Para se ter uma ideia, até o início dos anos 1990, o que se tem notícia é de que praticamente tudo o que existe de escrito no Brasil sobre o índio, sobre os povos indígenas, sobre as culturas indígenas, não foi escrito por um índio. Foi sempre por um indigenista, por um antropólogo, por um sociólogo, por um estudioso, por um artista, por um poeta, por um escritor. Não que eu ache que isso seja uma coisa errada. Mas eu achava que na medida em que nós nos tornássemos protagonistas das nossas próprias vozes, isso poderia gerar uma força muito grande, uma estratégia muito potente para se comunicar diretamente com a sociedade. E também para a sociedade ouvir diretamente a voz de um intelectual, de um cidadão, de um pensador, de um curador, de um contador de histórias vindo de um povo indígena. Na verdade, não é que isso represente alguma coisa nova. A tradição indígena é uma tradição literária, é uma tradição poética, é uma tradição artística. Os nossos contadores de história são imprescindíveis na coesão das comunidades. Todas as culturas indígenas prezam os seus narradores, os chefes narrativos, os contadores de história. Eles que dão a coesão pela memória. Então traduzir isso para a escrita era uma questão de habilidade técnica. Uma questão de aprender a ler e escrever, de aprender a codificar o pensamento, o conhecimento, na linguagem escrita. É como aprender uma nova língua.

Quando você escreve um livro, você pode divulgar as suas ideias com mais agilidade. Naquela época a gente tinha que percorrer diversos bairros, diversas cidades, e tomava muito tempo para levar a nossa mensagem de uma maneira oral. Ainda é preciso meses para percorrer 10, 15, 20 escolas falando diretamente com os alunos. E o livro multiplica as possibilidades. Era esse o nosso pensamento na época. E foi assim que em 1993 saiu então o meu primeiro livro, "Todas as vezes que dissemos adeus". E na sequência também sai o livro do Daniel Munduruku, "Coisas de índio". Com o passar do tempo, nós começamos a fomentar que outros parentes também escrevessem, trouxessem sua capacidade narrativa, que é grande, que é da natureza das culturas, para a escrita. E isso foi ganhando um organismo, foi se irradiando de maneira orgânica. O Daniel Munduruku tem um grande mérito nisso, porque alguns anos depois ele conseguiu um suporte, um apoio para fomento de escrituras indígenas, que foi a parceria que ele fez com a Fundação Nacional do Livro Infanto-Juvenil. Nós também escolhemos o cenário de atuação: escolhemos o modelo de conversar com a criança, de conversar com o jovem, porque eles são muito mais livres de preconceitos do que os mais velhos. As crianças são muito mais abertas ao aprendizado, a ouvir a diferença, muito mais curiosas do que os mais velhos. Então isso também foi uma estratégia. E também porque os nossos mitos de origem, as nossas cosmovisões, as nossas fábulas têm muito a ver com esse universo infanto-juvenil. Essa foi uma estratégia construída não teoricamente, mas que foi se fazendo organicamente ao longo dos anos.

Com o passar do tempo, de tantas pequenas ações em muitos lugares, foi se formando uma gama grande de escritores de diversas culturas. Eu creio que nós temos assim mais de 20 povos indígenas representados através de escritores das suas respectivas culturas. E a semente disso nasceu exatamente nas nossas conversas numa pequena aldeia na periferia de São Paulo, do povo Guarani. E eu creio que as nossas gerações presentes precisam saber disso. Porque hoje nós temos uma geração de jovens indígenas que estudam, que leem, que estão na universidade, que estão ganhando novas ferramentas, novos instrumentos de conhecimento para somar com seus valores culturais, que precisam saber dessa história. Esse movimento da literatura indígena começou de um esforço pequeno mas constante de alguns parentes, que se reuniam e tiveram essa visão, tiveram essa percepção de que a literatura era uma ferramenta importante para a difusão das culturas indígenas.

**E como começaram os encontros dos escritores indígenas?**

De uma maneira orgânica, nós começamos primeiro a nos encontrar na aldeia Guarani e na Embaixada dos Povos da Floresta, que durou até 1992. Ali nós tínhamos muitas reuniões e conversas. De uma maneira organizada, enquanto evento, enquanto um acontecimento, o Encontro de Escritores Indígenas surgiu no Rio de Janeiro, se não me engano entre 2003 e 2004, organizado pelo Daniel Munduruku e produzido pelo Cristino Wapichana. E a partir dessa época se tornou uma tradição, um acontecimento anual. E de dois anos pra cá, acontecem pequenos encontros em outras cidades. Tem um encontro em São Paulo, tem o Encontro de Vozes Ancestrais... Quer dizer, se desdobrou em outros projetos de difusão da literatura indígena. Para nós, a literatura indígena é uma maneira de usar a arte, a caneta, como uma estratégia de luta política. É uma ferramenta de luta. E por que uma luta política? Porque à medida que a gente chega na sociedade e a sociedade nos reconhece como fazedores de cultura, como portadores de saberes ancestrais e como intelectuais, ela vai reconhecendo também que existe uma cidadania indígena. E que dentro da cidadania existem determinados direitos constitucionais que não ferem, que não desagregam a sociedade, seja indígena ou não-indígena. Ao contrário, que dão legitimidade, suporte e fortalecem em questões que hoje são cruciais para a sociedade humana como um todo. Entre elas está justamente a questão ecológica.

Hoje, é sabido por várias vias, especialmente pela via da ciência, que onde você tem um ecossistema preservado, você tem um clima em equilíbrio. E onde você tem um clima em equilíbrio, você tem uma sociedade em equilíbrio do ponto de vista dos seus recursos naturais. E todo mundo sabe que onde tem recursos naturais tem riqueza. E onde tem riqueza tem sociedade, tem cultura, tem vida. Então o que a gente quer mostrar para a sociedade de modo geral é que os nossos valores, as nossas visões de mundo, os nossos saberes, estão tão sintonizados com o modo de vida equilibrado, com um ecossistema equilibrado, que isso é benéfico para o mundo todo. Eu costumo dizer que na causa indígena, se pensarmos na grande rei-vindicação ao longo das décadas todas, que é a "Demarcação Já", é o único povo que luta para uma coisa que vai beneficiar o mundo inteiro. Uma terra demarcada não beneficia só aquela cultura. E uma terra demarcada não significa que aquela terra é daquela cultura. Não sei se vocês sabem, mas uma terra demar-cada significa que a terra é do Estado, mas de usufruto de uma cultura. Nós lutamos por uma coisa que, mesmo reconhecida, no papel não é nossa. É só de usufruto. E é uma luta que, uma vez demarcada essa terra, significa a garantia de uma qualida-de de vida para a sociedade humana inteira. Esse pensamento, essa ideia, é algo que só é possível comunicar a partir de uma relação mais ampla com a sociedade. Por isso os espaços de cultura, de educação, de troca de saberes para comunicar isso. Porque é algo que não dá para comunicar numa manifestação, numa passeata, numa batalha política. É algo que precisa ser compreendido mais profundamente.

A causa indígena não é uma causa por negócio. A socie-dade brasileira, e a sociedade humana como um todo, tem atualmente o hábito de achar que as questões políticas são ex-clusivamente questões de negociações para obter ganhos para poucos. A causa indígena, do ponto de vista política, não é uma causa de ganhos para poucos. E não é uma causa de negociatas. É uma causa de preservação e manutenção de uma qualidade de vida não para um nem para um grupo, mas para uma comu-nidade, para uma sociedade e para um ecossistema.

**Falando em política, quando você começou a ter uma atuação mais direta politicamente? Você é filiado ao Partido Verde?**

Em 1986, eu estava na aldeia Guarani, junto com os parentes, quando chegou até nós um grupo de pessoas liderado por um ambientalista e um grande artista chamado José Luiz Penna e fez a seguinte proposta: "Olha, se vocês não tiverem também uma ação política partidária, vocês não serão respeitados pelos políticos e não vão conseguir de uma maneira mais efetiva as conquistas que vocês precisam. Porque muitas das coisas são decididas no âmbito da política". Então o Penna, que já estava ali apresentando o Partido Verde, foi uma das pessoas que colocaram para a comunidade e para mim na época a necessidade de termos uma representação indígena no âmbito da política partidária. Nós tínhamos então a experiência do Mário Juruna como deputado federal, que foi muito positiva para o fortalecimento da luta em torno de algumas causas indígenas. E naquele momento houve todo um estímulo para a gente pensar em outras candidaturas indígenas. Foi a partir disso que nós lançamos a candidatura do Karai Mirim pelo Partido Verde. E mais uma vez eu fui a pessoa que cuidava de dar todo o suporte e buscar os apoios para que isso acontecesse. Como experiência, essa candidatura nos deu o conhecimento do quanto é difícil uma cultura até então chamada de minoria realmente ter voz, ter respeito e ter presença nesse meio, que é um meio decisório dos caminhos de uma cidade, de um estado, de um país.

Como eu venho de uma origem de movimento estudantil, essa questão política já estava no meu horizonte. Só que não me chamava atenção, porque naquele período, nos meios em que eu discutia os aspectos da política, eu nunca via por parte dos meus companheiros realmente um interesse na questão indígena e na questão ecológica. E com o Partido Verde, a questão ecológica e a questão indígena ganhou uma dimensão dentro da política partidária na minha percepção naquele momento. E ali eu me tornei um ativista, mais um simpatizante, mas não um membro partidário. Desde então, todo o meu norteamento, quando se trata da questão política, só tem sentido se estiver presente, se estiver à frente essas causas, a causa ambiental e a causa indígena. E claro que também eu considero a causa afro-brasileira, a causa negra, a causa dos movimentos por reconhecimento social e reconhecimento da sua trajetória de luta, tão importante quanto a causa indígena. Esses temas tem sido recorrentes na minha vida.

Eu só fui realmente me filiar a um partido político em 2010. Até então eu preferia ter uma atuação pelo caminho das organizações sociais. Toda a experiência que tive no final dos anos 1980, começo dos anos 1990, com os guaranis e na relação com as lideranças na Embaixada dos Povos da Floresta, foi trabalhada como um esboço do que depois viria a ser construído como uma tecnologia social, de tecnologia de ação que culminou na fundação do Instituto Arapoty. Em 1994, juntamente com companheiros e companheiras de luta, nós criamos o Instituto Arapoty, com a missão de difusão de saberes e de visões de mundo das culturas indígenas e de desenvolvimento de autonomia nas comunidades através de geração de renda pela sua cultura, pela sua arte. O Instituto se estruturou a partir de projetos de difusão de cultura indígena, através de oficinas de cultura, oficinas literárias, reflexões, seminários. E o trabalho dentro das comunidades, direcionado para a construção de uma relação mais autônoma com a sociedade não-indígena. Eu percebia que isso nos daria uma condição diferente na hora de reivindicar causas que realmente nos importavam, que são realmente a causa da terra e a causa da preservação ecológica.

Em 2010 eu me filio ao Partido Verde, na minha região. A minha região é da última área verde de São Paulo, o cinturão verde – Itapecerica da Serra, Embú das Artes, Parelheiros. Nós temos ali perto uma comunidade quilombola e duas comunidades indígenas. Então eu fui candidato local, num primeiro momento. Candidato a vereador, em 2012, com o objetivo de estruturar o partido localmente. E depois, em 2014, o partido me escolheu para ser o candidato ao Senado por São Paulo. Essa candidatura não partiu de mim, foi uma decisão do partido. Em 2013, junto com Álvaro Tukano e outros líderes indígenas, nós havíamos nos reunido em Brasília e decidido que nós iríamos ter o maior número possível de candidaturas indígenas pelo Brasil, para levar uma agenda política para o Brasil. Nós temos uma preocupação em relação à PEC 215, que é um projeto de Lei que tira do poder executivo a qualificação de demarcar as terras indígenas e passa para o poder legislativo. E a gente sabe que o poder legislativo tem em sua maioria interesses que vão contra os direitos indígenas. O poder legislativo tem pessoas que defendem justamente o fim das demarcações, que defendem a exploração gananciosa, inescrupulosa da Amazônia e de outras regiões, pessoas que defendem o desmatamento. Então é claro que nós, na mão do Legislativo, nunca vamos ter terras demarcadas. Se na mão do Executivo já praticamente não temos, imagina no Legislativo. Então na época a gente tinha essa preocupação de colocar na pauta política essa agenda de defesa das demarcações já, e eu fui candidato por São Paulo. Inicialmente, a minha candidatura era para colocar essa questão de uma maneira sensível e dentro de um programa partidário. Dentro de um projeto de política pública. E aí foi que a direção geral do partido achou que a proposta de candidatura indígena devia ser uma proposta nacional. E eu saio candidato ao Senado.

**E como foi essa experiência?**

Quando veio essa responsabilidade, eu senti a necessidade de me inteirar, de estudar mais profundamente, para criar uma proposta programática. A gente sabe como é uma eleição no Brasil, mas independente disso a gente percebeu que tinha que ter um programa. E eu descobri que poderíamos ampliar essa agenda. Não ser uma agenda reducionista, só pensando na causa indígena, mas uma agenda pensada para o Brasil. Então veio toda uma formulação de uma ideia centrada na questão do investimento em tecnologias limpas, na questão de uma educação que realmente contemple e valorize as culturas e as pessoas de origem afro-indígena. E outros pontos que, somados, tem o mesmo objetivo: criar uma política voltada para a qualidade de vida, para o respeito efetivo à pluralidade de culturas, para a diversidade cultural. E isso me causou um aprendizado muito grande do ponto de vista de informação, de conhecimento, e de relações com técnicos, com especialistas, com pesquisadores de instituições e universidades. E com uma abertura para entrar em outros lugares onde a questão indígena sozinha não entraria. Eu tive a oportunidade de debater temas com as universidades, com a OAB, com instituições ligadas à Justiça. Eu tive quase 190 mil votos, o que para um candidato ao Senado é um número irrisório. É uma candidatura que precisa de milhões de votos. No entanto, entre os dez candidatos, eu fiquei atrás somente do ex-senador, Eduardo Suplicy, que ficou em segundo lugar, do senador eleito, José Serra, que foi governador, que foi candidato mais de uma vez à Presidente da República, e do ex-prefeito de São Paulo, Gilberto Kassab. Todos eles nomes muito conhecidos do meio político. Então eu considerei a experiência muito positiva, no sentido de que eu percebi que a sociedade paulista já tem uma sensibilidade muito grande para essa questão, não da causa indígena de uma maneira específica, mas para uma questão maior que a causa traz, que é exatamente uma responsabilidade com as culturas e com os diversos atores que formam a sociedade. As diversas redes que formam a sociedade, que não é só as redes humanas, mas as redes dos ecossistemas. E isso é algo importantíssimo que tem que estar na pauta da evolução da sociedade dentro da política.

# PALAVRAS DE UM HOMEM-LUA

Entrevista por Ademir Assunção
Revista Istoé, 21 de julho de 1998

**Há um trecho em seu livro, "A terra dos mil povos", em que você escreve: "De acordo com a nossa tradição, uma palavra pode proteger ou destruir uma pessoa. Uma palavra na boca é como uma flecha no arco". O que significa exatamente a palavra para o índio?**

Para o tupy-guarani, "ser" e "linguagem" é uma coisa só. A palavra que designa "ser" é a mesma que designa "palavra": NHEENG. Alma e som. A própria palavra tupy significa "som em pé". Nosso povo enxerga o ser como um tom de uma grande música cósmica, regida por um grande espírito criador, o qual chamou de Nhamandu-ru-etê, ou Tupã, que significa "o som que se expande". É a partir daí que começa a relação do tupy-guarani com a palavra. Um dos nomes de "alma" é nheeng. Que também significa "fala". Um pajé é aquele que emite nheeng-porã, aquele que emite belas palavras. Não no sentido de retórica. Não. O pajé é aquele que fala com o coração. Porque fala e alma é uma coisa só. Você é o que você fala. É por isso que os Guarani Kayowá, por desilusão dessas relações com os brancos, preferem recolher sua palavra-alma: se matam enforcados (como continua acontecendo em Dourados, em Mato Grosso do Sul). Porque a garganta é a morada do ser. Por aí você pode ver que a relação da linguagem com a cultural é muito profunda para o tupy-guarani.

**Você disse também que o nome de uma pessoa é muito importante para a cultura indígena. Como se nomeia uma criança dentro dessa tradição?**

Na tradição tupy-guarani existem sete nomes somente. Sete nomes universais. Todos os demais são reinvenções humanas. Esses sete nomes originais são nossos sete pais primeiros, nossos ancestrais. O humano herdou desses sete pais o dom de nomear, de continuar a criação. Esses seres primeiros, que os tupy-guarani chamam de Nhanderu, são divindades. São elas que sustentam o movimento do mundo. Toda a nossa descendência humana vem desses nomes. Quando um ser é batizado espiritualmente, ele recebe o que seria equivalente ao sobrenome. O sobrenome norteia a sua linhagem. Daí a importância do nome. É o nome ao qual a sua alma está ligada. A sua ancestralidade espiritual.

**Quais são as setes divindades às quais você referiu?**

Elas são conhecidas como Werá, Karai, Jacairá e Tupã, que são os quatros que sustentam o mundo. Depois tem Nhamandu, Jasuká e Jeguaká, que são divindades que sustentam o espírito.

**Cada pessoa do povo tupy-guarani pertence a uma dessas linguagens?**

Sim. É muito comum ver, entre os Guarani, pessoas chamadas Werá Popyguá, Werá Mirim, ou então Tupã Jeguaká, Tupã Poty, Karaí Poty. Sempre vão aparecer esses nomes.

**Em seu livro percebe-se também o uso de palavras bastante substantivadas, como Homem-Lua, Mulher-Sol, Tribos-Pássaros. Por que isso?**

Dentro dessas linguagens primordiais, que são estruturas de sustentação, existem os cruzamentos que foram feitos. Homem-Lua está ligado a um cruzamento de heranças, de dons herdados, de um homem com uma qualidade lunar, que gerou um temperamento, denominado de Homem-Lua. São para definir esses entrecruzamentos que corporificam a estrutura de um ser.

**Nesse caso específico de Homem-Lua, é interessante a inversão, porque o homem está normalmente associado ao Sol. E a mulher, à Lua.**

A cultura Tapuia acha que é o ideal da humanidade, o Homem-Lua e a Mulher-Sol. O ideal de um clã perfeito. Existem alguns seres que manifestaram essa qualidade.

**Você se refere no livro ao sete tons primeiros, e o último é o silêncio. Levando-se em conta que a palavra é tão importante para os tupy-guarani, o que significa o silêncio?**

O silêncio está em tudo. O tupy, "Som em pé", "ser humano", se manifesta em três corpos: o corpo físico, um corpo que a gente chama de corpo de som, e um corpo que a gente chama de corpo de luz. Esse corpo de luz é representado na cultura através dos cocares, das cores. O corpo de som está ligado a duas qualidades de energia, que são o Katamiê e o Wakmiê, as polaridades feminina e masculina. Esse movimento do ser é equilibrado em sete tons ancestrais. A dança indígena, chamada jeroky, serve para alinhar, afinar o instrumento que é a sua alma, que é esse corpo de som. Para a filosofia tupy, trata-se do corpo que liga o céu e a terra, a sua estada na matéria e sua estada no espírito, por onde você tem os sentimentos, as percepções. Esse corpo é movido por vibrações, é um corpo de som. Os cantos são entoados para equilibrar esse corpo. O silêncio é o som dos sons. Tem esse sentido da essência do todo. Há sons que são ligados com a estrutura corporal física, outros que estão ligados à nossa estrutura corporal sensorial e à estrutura corporal mais sutil, que é o espírito. Aí entra o silêncio, pois toda vibração de vida emana do silêncio. A língua portuguesa reconhece cinco vogais. A língua tupy-guarani tem seis: a,e,i,o,u, e ÿ, que é um som mais gutural. E o sétimo é o silêncio, de onde tudo emana.

**Existe uma dança específica para cada um desses tons, dessa vogais?**

Não. A nossa expressão tem todos esses tons, como uma música. Agora, cada tom trabalha uma questão específica: ÿ, para nós, está ligado à terra, à vitalidade; e, à água, emoção; o, ao fogo, ânimo; a, ao coração, essa qualidade de atrai e expandir, com sentimento que flui, e está ligada à expressão; i, à percepção, intuição. Cada tom tem ligações com aspectos do ser. Os Guarani dizem que nós temos um nhanderekó, o nosso lugar no mundo. Esse nhanderekó possui temperamentos. Esses

temperamentos estão ligados a quatro sons, que estão ligados
com quatros elementos, que manifestam o nosso humor: terra,
água, fogo e ar. São esses quatro elementos que determinam
um pouco a nossa personalidade. E tem sons que avivam o
nosso eu interior: São como notas musicais. Na hora dos cantos, trabalham-se os aspectos que precisam ser trabalhados.
Nosso nhanderekó tem uma qualidade que propicia uma harmonia. Essa harmonia é manifestada pelo nosso espírito, pela
nossa linguagem, pelo nosso ser interno. Os cantos e as danças manifestam essa harmonia, afinam, alinham o nosso estar
no mundo.

**Nesse estar no mundo, o sonho parece algo muito importante
para grande partes culturais indígenas. O que é sonho?**

O sonho é o momento em que nós estamos despidos desses nhanderekó, dessa estrutura racional de pensar. Estamos no
puro estado de espírito, no awá, no ser integral. É um momento
em que a gente entra em conexão com a nossa realidade mais
profunda. Por isso, o sonho é vital. Ele faz essa ligação com o
nosso eu verdadeiro. Porque esse nhanderekó nos deixa com
uma percepção muito limitada das coisas da vida. Dentro do
estado de sonho, você entra em conexão com o todo e com esse
eu maior que você é. No sonho o seu espírito literalmente viaja
e pode ser direcionado para onde quiser ou para o momento
que quiser. Claro que isso exige um treinamento, como aprender a falar.

**Quem é o responsável por esse treinamento nas tribos?**

Normalmente um sábio. Cada mestre tem o seu modo de ensinar. De maneira geral, os ensinamentos dizem respeito a você se preparar para ter os seus sonhos consciente. Todo o sistema consiste em educar a sua mente racional para que ela perceba que não é a senhora do seu corpo, mas um instrumento do seu espírito sonhador, do seu espírito livre. A concepção do sonho para um índio não é a concepção de uma coisa irreal e impalpável. No sonho você vai trazer a multidimensionalidade do mundo. A doutrina que educa para o sonho consiste em você perceber as camadas de dimensões que é o mundo e orientar esse lado mais racional a estar consciente dessas outras dimensões. Um sábio o prepara para fazer essas trajetórias de voos conscientemente.

**Você diz em seu livro que houve um momento em que as nações indígenas se dividiram em três tradições: a tradição do Sol, da Lua e do Sonho, à qual pertenciam os Tapuia. Isso quer dizer que os Tapuia se tornaram mais sonhadores?**

Nem mais, nem menos. Os tupy desenvolvem toda uma filosofia e uma ética que partem da palavra, do som. A palavra-alma é o eixo. Os tupys influenciaram muitos outros povos no Brasil há milênios. É um povo expansivo, um povo mais Solar. Teve também um povo mais contemplativo, mais Lunar, embora a tradição do sonho também tenha um caráter mais contemplativo, mas tem um povo que deixou isso mais marcado, na arte, os marajoaras, os tapajós, por exemplo. Deixaram fragmentos, toda uma pratica cultural. E o povo que não deixou nenhum sistema filosófico, nenhum sistema numa arte definida, mas que tem uma força de expressão muito grande é justamente o povo Tapuia, os Xavante, Krahô. São povos mais nômades. Não deixaram nenhum sistema de agricultura, mas um sistema fundado na liberdade e na relação com o espírito e com a terra, através do sonho. Não que só tenha feito isso. Como os xavantes, que são remanescentes da macro-jê. É um povo que tem uma identidade cultural muito forte. É um povo que se fundamenta pelo sonho.

**A escrita foi sempre determinante no contar a história. Você se refere, no seu livro, a uma espécie da escrita indígena grafada nas cestarias, nos sonhos. Essa é a grafia indígena?**

A escrita que é considerada pelo ocidental diz respeito a um tempo linear, presente, passado, futuro, a que a civilização está presa. A escrita que os povos indígenas deixaram, e que se manifesta até hoje, está ligada a outra frequência da realidade, que é muito mais simbólica. Os povos indígenas têm a sua escrita, mas ela é inacessível a essa frequência que a civilização reconhece como escrita, Essa escrita se manifesta no corpo, através das pinturas corporais, se manifesta nas cestarias, nas cerâmicas. Tem um livro que a antropóloga Lux Vidal organizou chamado "Grafismo Indígena". Esse livro dá uma ideia da riqueza dessa escrita nativa.

**Você falou da relação da escrita com o tempo, que a escrita do**

**branco diz respeito a um tempo linear. Como é a relação dos povos indígenas com o tempo?**

Tive a oportunidade de viver dentro da sociedade urbana, e também vivi uma parte da minha vida dentro de uma comunidade Guarani, e pequenos espaços da minha vida entre os Kamaiurá, Krahô, Xavante. Uma coisa que determina o tempo para o povo Krahô, por exemplo, é a passagem da chuva para o verão, ou a passagem do dia para a noite. O povo nunca esteve preocupado em quebrar essa passagem. Por viver tão integralmente esse movimento, é como se o tempo fosse um eterno hoje. Mesmo nascendo criança, ficando adulto, tornando-se velho. Cada ciclo é vivenciado com seus ritos de passagem. É viver agora. Tem a festa da castanha, a festa do pequi, da mandioca. Tem esses ritmos na aldeia colocando na cultura uma melodia. Eles vivem aquela melodia e tudo é um grande hoje.

**Na sua ótica, a "descoberta" do Brasil foi descoberta ou uma invasão?**

Desencontro. Desencontro que provocou e continua provocando situações gravíssimas, chacinas. A realidade indígena atual não é fácil. Ainda hoje, em grandes áreas do país, é na base do tiro, de expulsões, conflitos com fazendeiros, mineradores. Os interesses que provocam essas ações continuam sendo os mesmo: interesses econômicos. Hoje tem um elemento a mais que é a biopirataria, roubando todo o conhecimento ancestral que os povos indígenas detêm a respeito de ervas medicinais. Existem também as missões religiosas que causam profundo desequilíbrio. O povo Guarani é profundamente religioso. Se você corta a estrutura religiosa natural do povo, com o pretexto de que eles não são religiosos, isso acaba com o povo.

**Os europeus chegam trazendo o "progresso" e veem os que estavam aqui como primitivos. Como você pensa essa relação civilizado x primitivo?**

Para quem fundamenta a sua vida e a sua cultura no ter, a noção de progresso consiste em ver seu redor o maior acúmulo de bens materiais. Quando esta, centrada exclusivamente no ter, encontra uma civilização que não está norteada pelo ter, acha que ela é inferior. A noção de progresso do povo indígena, especialmente do povo tupy-guarani, consiste em respeitar o principio de que as coisas existem para serem transformadas e recriadas pelo homem. Esse é o nosso dom, o dom de criar. E essas coisas criadas podem ser trocadas. Esse é um fundamento, para que o nosso dom de criar continue se manifestando. Os outros fundamentos dizem que quatro coisas não podem ser trocadas, nem vendidas: o sol, o ar, a terra e a água. Progresso, para nós, é você desenvolver a sua capacidade criativa, a sua expressão no mundo. Isso se manifesta na forma de lidar com o espaço e com a natureza na forma de celebração e cuidado.

**São duas maneiras bem diferentes de se encarar o "progresso"?**

Sim. O desenvolvimento da ciência e da sabedoria dos povos indígenas se deu através dessa percepção interior, do desenvolvimento celebrativo através das danças, dos cantos, das pinturas corporais, da relação harmônica com a natureza. Nós tínhamos o nosso progresso. Esse é um ponto que precisa ser muito bem colocado para se perceber o tamanho de abismo que provocou esse desencontro.

**Noções de riqueza material não faziam muito sentido para os povos nativos?**

Veja: quando os espanhóis chegaram, encontraram três grandes civilizações, os incas, os maias e os astecas. Eles tinham monumentos, pirâmides, engenharia hidráulica. Eles procuravam andar com essas duas essências juntas: o ter e o ser. Quando os espanhóis chegaram, perguntaram para os maias se conheciam algum povo rico. Eles disseram que havia um povo muito rico além das montanhas: os incas. Mas os maias estavam dizendo que os incas eram ricos porque eles tinham a maior variedade de milhos e a melhor tecnologia de plantio de milho em situações inóspitas. Quando os espanhóis chegaram lá, viram a arte toda tecida em ouro. Mas o ouro não era a riqueza dos incas. Não era a isso a que os maias estavam se referindo. Estavam falando da tecnologia de agricultura que hoje seria chamada de agroecologia. Era essa a ciência dominante. A noção de riqueza dos povos que estavam aqui era muito diferente da dos europeus. Então, havia progresso aqui, que foi solapado, e a noção de progresso a gente tem que reconsiderar para poder verdadeiramente respeitar a civilização que estava aqui. É preciso que a civilização olhe para os índios com menos prepotência, até para perceber porque a civilização está entrando em colapso, por cegueira.

**Uma cegueira em relação valores mais profundos da existência?**

É. Isso para o tupy-guarani é terrível. Para o tupy-guarani, a palavra tem espírito. E na sociedade civilizada as pessoas vivem de palavras sem espírito. Não têm força, não têm verdade. É isso que é chamado de progresso. Não houve um encontro entre culturas nativas e europeias.

**Como poderia ter sido esse encontro?**

Poderia ter havido um desenvolvimento de ambos, sem que isso representasse a quebra da essência cultural dos povos. Um encontro baseado no respeito, na verdadeira integração, no intercâmbio. Hoje em dia existem lideranças indígenas que fizeram sua antropofagia cultural: souberam entrar em contato com a civilização branca e souberam fortalecer sua cultura ancestral. São os exemplos de como poderia ter sido o contato. Poderia ter havido um amadurecimento tanto da cultura nativa quanto da cultura que veio pra cá. Isso não ocorreu. A cultura ocidental até hoje pratica valores que são de um tempo que já se concluiu.

**Você está preparando um encontro de entidades indígenas, através do projeto Arapoty. Qual é a ideia desse encontro?**

Arapoty significa "renascimento". A morte do nosso parente Pataxó, em Brasília, queimada por garotos brancos, me levou a pensar na juventude brasileira. [Refere-se ao índio Pataxó Galdino Jesus dos Santos, que morreu queimado por rapazes de classe média alta enquanto cochilava num ponto de ônibus, em 1997]. A que ponto chegou essa civilização, que gera uma juventude que tem essa atitude? Fiquei muito preocupado. Então, pensei em fazer um encontro de tribos, trazer as nossas cerimônias e interagir com a juventude, porque ela está precisando, ela está manifestando a doença da civilização.

**E o que significa esse projeto com a juventude dos brancos e os índios?**

É um projeto de descatequização da ignorância. Quem tem a relação com o respeito humano são as culturas indígenas. As culturas indígenas têm muitas ferramentas que educam o ser. Esse encontro está sendo nomeado como "Um rito de passagem para um nova tribo humana". O grande problema da juventude, que fez chegar nessa monstruosidade, é que ele perdeu o contato consigo mesma, com seus ritos de passagem, com os ciclos. Os povos indígenas marcam esses ciclos através de cerimônias, num processo de educação fundado nas mitologias. A sociedade não tem isso, e a juventude fica sem saber o que ela é, sem responsabilidade por nada.

**Como você vê essa questão da integração? Existem algumas tribos que estão no meio da selva. Como fica essas tribos? Você acha que se deve deixá-las lá, vivendo em paz? Como se resolve isso?**

Atualmente, no Brasil, existem cerca de 350 mil índios, 206 etnias, 180 línguas. Dessas nações todas, 70% estão nos limites da civilização, vivendo nas periferias da cidades. A maioria perdeu bastante suas tradições. Todo o meu projeto é no sentido de valorizar, respeitar nossa raízes, recuperar a autoestima desses povos. Meu projeto é voltado para esses povos. Porque os povos que estão no Xingu, na Amazônia, enquanto estiverem numa situação ecologicamente equilibrada, preservada, eles são os nossos professores de ancestralidade. Devem ficar lá, se quiserem. Os que devem ser educados são os agressores dessa cultura. É preciso sensibilizá-los para que percebam a besteira que estão fazendo. Os fazendeiros, os garimpeiros, as mineradoras. Esses organismos é que devem ser educados. Isso compete à cultura da sociedade, investir nessa sensibilização. Porque os povos indígenas são patrimônios vivos da humanidade.

**Em 500 anos de colonização, com o desaparecimento de centenas de etnias, qual foi o patrimônio que o Brasil Perdeu?**

O maior patrimônio que o Brasil perdeu é o patrimônio da sabedoria. Muitos desses povos desenvolveram sistemas de relações com o meio ambiente, com a medicina, que hoje em dia são os aspectos mais relevantes e procurados no mundo, como o desenvolvimento sustentável, a psicologia profunda, coisas que essa sabedoria já tinha e que não foi absorvida, aproveitada. A fitoterapia, a medicina natural. A economia, que eu chamo eco-nomia, fundada na interação com o ciclo local, com as relações locais daquele povo. Coisas que estão sendo lembradas agora e que já existiam em abundância aqui. Veja o povo japonês, que o mundo reconhece como uma nação tecnológica rica, mas que não abre mão da sua ancestralidade. Na sua arte, nas vestimentas, na sua expressão filosófica. E o brasileiro tem vergonha. Não sabe da sua própria cultura. Tem todo um modelo insistindo no imaginário que vê o índio como um pobre coitado, que não desenvolveu shopping center, que não tem progresso. Há ainda a possibilidade da sociedade atual rever as suas raízes, ter a percepção desse patrimônio.

**Perceber a nossa própria riqueza?**

Claro, esse negócio de separar Primeiro Mundo, Segundo Mundo, Terceiro Mundo, isso não é uma verdade. Com essa riqueza da flora, de fauna, de povo, você acha que o Brasil é um país pobre? Jamais. Nós somos uma grande nação. Não tem esse negócio de Terceiro Mundo. É mais um blefe, e eu não sei por que a sociedade acredita nele. Eu ando pelas serras, florestas, cerrados, trabalho diretamente com a natureza, com o povo indígena, com o povo da roça. Não tem ninguém mais rico do que a gente. Também já andei muito fora do Brasil. Falam de Nova York. Nunca vi lugar mais fúnebre. Aquela coisa sempre escura, saindo fumaça de baixo do chão. Chamam aquilo de Capital do Mundo. Se aquilo ali for modelo de civilização, realmente a gente está muito longe. Mas eu acho que não é modelo nem para eles mesmos. Tem uma angústia dentro deles. Os americanos queriam saber o que é a cultura indígena. Senti neles uma necessidade de resgatar alguma coisa que realmente fizesse sentido para o interior daquelas pessoas, que as fizessem lembrar quem elas são. O homem não é filho daquela fumaça fúnebre que fica saindo pelos bueiros. Ele é filho da Terra. A essência humana nasceu nas águas, na montanha, na árvore, nos animais. Não está na megalópole.

# UM ÍNDIO CANDIDATO AO SENADO

Entrevista por Vinicius Gorczeski
Revista Época, 19 de maio de 2014

O índio Kaká Werá era seguido por três curiosos no meio da mata densa, vasta e montanhosa de Itapecerica da Serra, a 48 quilômetros de São Paulo, para começar um ritual sagrado. Ao aproximar-se da oca ao estilo Guarani, construída em 1998 com a ajuda de mais 38 braços, ele afastou um emaranhado de piaçava, passou pela abertura de meio metro e, à penumbra e ao silêncio agourentos, foi prontamente questionado por um dos homens brancos: "Não entra bicho aqui?". "Só os amigos", disse Kaká, de pronto e tranquilo.

Kaká sentou-se sobre um toco de tronco. Como mágica, as cigarras silenciaram. Num agitar de mãos, fez-se fogo a partir de palha e lenha seca. A temperatura subiu enquanto o sol caía por entre as colinas que se perdiam de vista. E Kaká Werá, maracas empunhadas em mãos, começou a entoar e a repetir lentamente os versos de um cântico guarani:

*Nhanderu Tenondé*
*Oikwa Mawi*
*Nhamandu Jeguaká e Aê*
*Oigueró Porandú*
*Jaguatá Má Mamberú...*

E fez-se silêncio. "O grande mistério já promulgou tudo para a nossa alegria e para o nosso bem estar. Só precisamos andar de cabeça erguida, e caminhar sempre para frente", Kaká explica o cântico, pensativo e encucado.

Talvez Kaká tenha mais motivos para buscar a autoconfiança do cântico que aprendeu na adolescência. Recentemente, uma missão inusitada caiu em suas mãos nem ele sabe bem como: a pré-candidatura ao Senado pelo Partido Verde nas eleições deste ano. Ele será o primeiro índio candidato ao Senado na história do Brasil, em outubro, e num estado onde índio parece assunto de índio – São Paulo.

Kaká Werá é um índio Tapuia, uma miscigenação de povos que vive no interior do Brasil. Seus cabelos são permanentemente cortados à tigelinha, e seu grisalho é a única coisa que denuncia seus 50 anos. Sua pele bronzeada, sobretudo a do rosto, é áspera. Pensa que mede 1,70 metro de altura e acha que pesa 85 quilos. Nascido em São Paulo, casado com Elaine Silva, 52 anos, com três filhas – uma do primeiro casamento, duas de Elaine –, não é um índio folclórico: dá palestras, detesta o trânsito paulistano e lê livros como formigas devoram roseiras (tem dúvidas se gosta mais de Gabriel Garcia Márquez ou de Jorge Amado). Criou em 1998 o Instituto Arapoty, para difundir as tradições indígenas com jovens e para ajudar aldeias do Sul e do Sudeste do país a trabalhar de forma sustentável. Também dá aulas em centros culturais públicos do estado a jovens, e a pós-graduandos ele ensina valores indígenas na Unipaz, Universidade Holística da Paz, embora sua formação seja de vida, e não de universidade. Costuma entremear histórias contadas num ritmo veloz com uma lentidão típica. "É meu maior defeito", ele diz, embora não pare um fim de semana em casa por conta da rotina que agora inclui reunião política semanal.

Como o ativista Kaká tornou-se o pré-candidato a senador poucos sabem. A ideia começou em abril do ano passado, quando líderes indígenas do país invadiram o Congresso de arco e flecha voltados para os parlamentares. A razão da revolta foi uma proposta de emenda constitucional que daria ao Congresso – e não mais à Presidência – o poder de definir a demarcação de terras indígenas no Brasil.

Em meio à confusão, o Partido Verde e as lideranças indígenas reuniram-se, e do encontro saiu uma ideia ainda mais inusitada para os padrões políticos brasileiros – por que não estimular as candidaturas indígenas nas eleições de 2014? A ideia permaneceu em gestação enquanto Kaká assumia um cargo na executiva estadual do partido ainda em 2013, em São Paulo, onde nasceu, estudou, e tornou-se ativista da causa indígena e ambiental, para representar suas origens dentro do PV.

Numa das reuniões, foi sincero (o que lhe é marcante: "Esse é o problema da política, não? A Marina Silva – que é vice na pré-candidatura a Presidência de Eduardo Campos, do PSB – era a candidata ideal... mas estamos com o Eduardo Jorge – pré-candidato a presidência pelo PV –, que é um nome muito preparado"). Disse às 20 lideranças paulistas ali presentes que, se o partido quisesse apresentar-se diferente nas eleições de 2014, candidatos incomuns deveriam ser apostas nas urnas.

Seriam eles gays, negros, mulheres e, claro, índios. Com isso, ele afirma, não estava sugerindo seu próprio nome. "A princípio, pensei em me pré-candidatar a deputado federal." Mas a cúpula do partido ouviu com bons ouvidos sua proposta e em janeiro deste ano anunciaram num encontro fechado que ele seria o pré-candidato do partido para a disputa paulista ao Senado, após grande aprovação interna.

A princípio Kaká surpreendeu-se, pestanejou e questionou a notícia. Mas não adiantou. Do presidente do PV em São Paulo ao dirigente nacional do partido, não houve quem não o apoiasse, exceto ele mesmo. "Chegou a hora de pensarmos nos primeiros habitantes deste país", disse Carlos Camacho, líder do PV paulistano. "Ele será sim o nosso pré-candidato ao Senado – e por unanimidade", afirmou José Luiz de França Penna, presidente nacional do partido. Kaká, convencido pela maioria, aceitou a missão.

Antes dele, Mário Juruna, eleito deputado federal pelo PDT fluminense entre 1983 e 1987, fora o primeiro e único índio na história do país a fazer campanha e, eleito, legislou no Congresso. A missão de Kaká e a ideia do PV são mais ambiciosas. Neste ano, apenas uma vaga estará em disputa pelos candidatos ao senado por estado. E há pré-candidatos fortes, como Henrique Meirelles, pelo PSD, ex-presidente do Banco Central. Sem falar em nomes como o de Eduardo Suplicy (PT), há quase três décadas no Senado.

A pré-candidatura de Kaká causou reações curiosas entre seus amigos:

– E se o Kaká se tornasse um político?

– Ah... não sei se tem bala. Campanhas bilionárias... acho que não. Se tiver, será campanha pobre. Só para constar.

– Ele é pré-candidato ao Senado pelo Partido Verde.

– Nossa! Se ele fizer isso vai engrandecer muito, porque a política está muito pequena hoje. O perfil dele será muito alto na política – diz Mário Mantovani, presidente da SOS Mata Atlântica, cujas filhas estudaram com as filhas de Kaká em Embu das Artes no passado.

Reação parecida demonstrou João Jardim, diretor do filme "Getúlio", em cartaz nos cinemas brasileiros, amigo de Kaká há 15 anos:

– Na política? Não sei. Naturalmente não é um perfil adequado.

(Descobre que Kaká é pré-candidato ao Senado):

– Nesse ponto seria genial, um nome lindo. Ele tem uma visão muito pragmática das coisas. Certamente poderá se sair bem. Mas admito que quando você falou, pensei que era para ser candidato a vereador em Itapecerica da Serra.

As impressões dos amigos levam a crer que Kaká e a política não se misturam, como brancos não se misturam com índios. Mas desde que tinha uns 16 anos Kaká Werá amassa barro atrás de gente branca para reforçar a cultura indígena nas escolas e nas aldeias – literalmente.

Foi por volta dessa adolescência, em 1980, que ele passou a conviver com os guaranis que viviam numa diminuta comunidade em Parelheiros, bairro paulistano. Levado por um amigo a visitá-los, ele encantou-se com as tradições de cânticos, rezas, ritos de cura, pescas, e pelas histórias narradas sob as nuvens de estrelas e sobre o fogo das fogueiras. Sua convivência com os índios intensificou-se quando seus pais, Miguel e Maria – índios Kaitité e Kaxixó, respectivamente – morreram. Miguel aos seus 17 anos, Maria aos seus 9. Os pais de Kaká tinham um pouco de vergonha de suas origens, e por isso a convivência com os guaranis foi uma redescoberta. "Tive uma identificação inexplicável com a cultura Guarani e o modo de vida Guarani. Me sentia parte dela", diz Kaká.

Ali ele conheceria Alcebíades Werá, um cacique independente, que pescava no rio e colhia da terra. Exatamente o contrário dos demais guaranis que moravam ali, dependentes de toda sorte de ajuda e assistencialismo. Órfão de pai e de mãe, Alcebíades adotou Kaká e lhe ensinou toda a filosofia da aldeia. Por aquelas paragens – onde viveria por 10 anos – começaria sua jornada de ativista indígena e ambiental.

Com a missão de contar à sociedade sobre os valores que ele aprendia e cultivava com os guaranis, ele passou a frequentar escolas e a repassar a sua experiência. Enquanto voltava para casa numa dessas atividades, foi atropelado por um ônibus. Nada grave, mas ficariam sequelas. Ao ser recebido na aldeia, Alcebíades fez mágica: preparou um ritual Guarani que curou Kaká em dois dias. Grato, Kaká aceitou tornar-se discípulo de Alcebíades. Em 1986, aos 22 anos, Alcebíades o rebatizou Werá Jecupé, no lugar do nome de branco Carlos Alberto dos Santos, nascido em 1 de fevereiro de 1964. Seu aprendizado duraria três anos.

Depois, ele foi parar na secretaria de Cultura de São Paulo quando Luiza Erundina tornou-se prefeita da capital paulista, em 1989. Seus amigos que pertenciam a movimentos estudantis foram convidados a integrar grupos de gestão, e ele passou a desenvolver um projeto de valorização da cultura Guarani por ali. O trabalho nas escolas passou a ser mais intenso, e os projetos no poder público prosperaram. Conseguiram tornar a Casa do Sertanista, um patrimônio histórico, na Embaixada dos Povos da Floresta, dirigida por Ailton Krenak, um líder indígena e amigo de Kaká. Eles e outros indígenas também conseguiram, com apoio do então secretário de Educação Paulo Freire (morto em 1997) e a secretária de cultura, Marilena Chauí, levar um centro de cultura para o meio da comunidade de Parelheiros, onde passaram a estudar também o currículo comum das escolas municipais da época.

Kaka ficou orgulhoso, pois ele nasceu antes um escritor e um amante da cultura que um político. Na escola, nenhuma criança implorava mais por futebol que ele por livros. A biblioteca era o lugar mais sagrado da escola, e Carlos Drummond de Andrade, Cecília Meireles, Rubem Braga, Machado de Assis eram para ele como mentores. Único estudante indígena na escola, inspirou-se em suas origens para escrever "Todas as vezes que dissemos adeus", no início da década de 1990.

Ao receber as pilhas de livros publicados (3.000 exemplares amadores) por um instituto, que abarrotaram seu quarto e o obrigava a sair de livraria em livraria para divulgá-los, ele conheceu José Goldfarb, então dono da hoje extinta livraria Belas

Artes, na Avenida Paulista. Ali, onde os chilenos lembravam de Salvador Allende e a morte na ditadura de Augusto Pinochet, onde os brasileiros discutiam Chico Mendes, morto em 1988 depois de seu ativismo na Amazônia, onde José Dirceu e José Genoíno debatiam seus projetos políticos, hoje presos por causa do mensalão, Kaká divulgava seu trabalho.

A figura indígena chamou a atenção de Goldfarb. "Ele se dava super bem nas conversas com os rabinos que debatiam a cultura indígena, a cidade de São Paulo e o Brasil. Ele fazia uma ponte com o nosso mundo", diz Goldfarb, hoje, depois de 22 anos, curador do prêmio Jabuti. De cara, a oralidade de seus livros encantou Goldfarb, que passou a indicá-lo à sua fiel e política clientela. Foi um sucesso. Enquanto nas demais livrarias da Avenida Paulista os livros deixados por Kaká vendiam duas ou três cópias por semana, na Belas Artes 15 exemplares eram vendidos no mesmo tempo. "Nos livros de Kaká há uma riqueza de fantasia, personagens, magia, algo que lembra muito 'As mil e uma noites'", diz Goldfarb.

O ex-livreiro ainda se lembra de como o discurso da proteção à terra, à valorização da cultura indígena e à proteção ambiental eram marca registrada daquela figura incomum em sua livraria. Por isso, Kaká foi convidado a dar uma palestra ali sobre como a sociedade estava acabando com os rios, matando-os de poluição e enterrando-os sob pontes e projetos arquitetônicos. "Foi um sucesso de público", diz Goldfarb. "Foram umas quarenta pessoas, o público que cabia no mezanino." Depois viriam mais cinco livros assinados por Kaká Werá. Alguns em versos, outros em prosa. Todos sobre fábulas e todos sobre índios.

Logo depois que publicou seu primeiro livro, Kaká pensou que seria ótimo ter uma editora indígena. Encucado com isso, ele não sabia na época, em 1993, que criava o embrião de seu instituto, o Arapoty, voltado para disseminar projetos culturais e de resgate às tradições indígenas no Sul e no Sudeste do Brasil. Quando contou aos amigos que criaria a editora Nova Tribo, todos acharam que ele enlouquecera. Afinal, de índio que escrevia ele só lembrava dele mesmo. A duras penas passaram-se dois anos, e finalmente saiu o primeiro livro, "Flecha Dourada". Baseado numa pesquisa sobre os tupynambás, o livro é uma ficção escrita por Lauro Lima – um homem branco. Do projeto de editora o Arapoty nasceu em 1998.

Localizado em Itapeceria da Serra, seu instituto resume-se a três ocas, uma delas ao estilo Guarani. É ali que ele reúne anualmente 2.000 jovens e professores, que escutam Kaká falar da importância da cultura indígena para a sociedade. Kaká também resgata o passado do Brasil do ponto de vista indígena. Fala do dia da independência da Bahia, em 2 de julho, e o papel dos índios na luta, da Guerra do Paraguai, e como os índios receberam promessas de reconhecimento social caso fossem à guerra, e a presença tupy no português do Brasil. Tudo isso permeado de apresentações de dança, canto e pintura. Quando a noite avança, lá está ele na oca Guarani, narrando histórias indígenas a um pequeno grupo de jovens sentados no barro ao redor do fogo.

São duas as maiores dificuldades entre os trabalhos do Arapoty. A parte mais dura é explicar  nas aldeias que eles precisam tirar de suas tradições a renda para viver, e não depender mais do assistencialismo. A outra barreira é financeira, e o dinheiro vem de parcerias e pela lei de incentivo à cultura. Da Funai não vem ajuda, ele diz. Mesmo assim, desde 1998, o instituto trabalhou a valorização da cultura com 10 mil índios, por 17 povos espalhados pelo Sul e pelo Sudeste do país. "Com seu trabalho, ele criou um diálogo com a sociedade", diz Fábio Feldmann, deputado federal de 1986 a 2003, que conheceu Kaká na época que se debatia a questão indígena na Constituinte, e hoje é empresário. "Ele insere a cultura indígena num contexto urbano, por meio da cultura, sem aquela imagem de selvagem."

Seu ativismo gerou uma dezena de convites pelo Brasil e pelo mundo: para falar das águas, da cultura de paz, da terra, do ambiente, ou para divulgar projetos feitos pelos próprios índios. Um desses casos foi em Nova York, para discursar ao lado de brasilianistas, estudiosos do país no exterior. Ou para estudar de que forma as tribos poderiam contribuir para amealhar dinheiro para as aldeias, para ele, e para empresas, como no caso de uma consultoria que ele fez para a Natura quando ela criou uma linha de produtos com ingredientes brasileiros. "Ele não é um cara de convencer, é perseverante e ajudou nos projetos de muitas empresas. Ele é bom nisso", diz Mário Mantovani.

Kaká Werá posa ao lado de brasilianistas na Universidade de Nova York, em 1998. Seu ativismo lhe rendeu palestras sobre índios e o ambiente em diversos países. 'Nem sei direito como recebo esses convites'.

Em 2002, ele seria procurado pela organização mundial Ashoka, que financia projetos como o de Kaká. Durante três anos, ele foi financiado para desenvolver seu trabalho, e em 2008 foi premiado pela Ashoka como um empreendedor social. "O Kaká é um construtor de pontes", diz Ana Maria Schindler, diretora da Ashoka para a América Latina.

*

Kaká ganharia a função de "ponte" que todo amigo seu destaca em 1995. Numa das andanças pelo país, Kaká foi parar no meio dos índios krahôs, que vivem em Palmas, no Tocantins. O cacique de lá, Akotok, notara o espírito aventureiro de Kaká quando o conheceu anos antes na aldeia Guarani de Parelheiros, e o requisitou em Tocantins. Os krahôs precisavam de ajuda, porque o gado que crescia ali devastava sua comida, seus hábitos e suas terras. "O capim ali vale ouro. É um tipo especial que faz o gado crescer mais", ele diz. A missão de Kaká era divulgar um documentário feito pelos próprios índios à sociedade.

Durante um mês, Kaká conviveu com os krahôs, por eles foi batizado num ritual que consistiu em ficar "empenado" como um gavião sobre uma rede, durante três dias, e deles recebeu a alcunha de "pahi": a ponte entre índios e brancos. Kaká aceitou o desafio, e lembrou-se dessa cena quando aceitou ser pré-candidato ao Senado.

A função de pahi se dá sobretudo por palestras a que é convidado no país e no mundo. Em 1999, foi à França e ali conheceu e tornou-se amigo de Danielle Mitterrand (primeira-dama francesa de 1981 a 1995). A organizadora do evento, Françoise Laforgue, era nora de Danielle. A primeira coisa que fizeram foram notar, um no outro, os anéis de coquinhos que usavam. Sorrindo, tocaram-se os dedos. "Como na cena do filme ET", ele diz.

Vidrada na importância das águas, que ela defendia por meio da sua instituição France Libertés, Danielle mostrou-lhe um cartaz da Embaixada dos Povos da Floresta. Ali, estavam estampadas fotos de líderes indígenas como Ailton Krenak, Marcos Terena e Chico Mendes. "Este eu não verei mais", disse Danielle Mitterrand, ao mostrar Chico Mendes no cartaz. Kaká ficou emocionado. Depois de três dias, ambos se davam adeus. Mas voltariam a se ver muitas vezes, até a morte de Danielle, em 2011.

Com a ajuda de Danielle, Kaká, líderes indígenas e pesquisadores conseguiram tornar em reserva da biosfera (ambientalmente sustentável) uma área de 3 milhões de hectares, que abrange 53 municípios em Minas Gerais, em 2005. Sabendo que a UNESCO não respondia a esses pedidos que os pesquisadores vinham fazendo, Kaká ligou para Danielle pedindo ajuda. Ela orientou-o a fazer um evento liderado por índios. Eles saíram atrás de vários índios para fazer um evento chamativo. Deu certo. "Quando souberam que Danielle viria, deputados, prefeitos, a própria UNESCO, todo mundo baixou em Conceição do Mato Dentro em helicópteros", diz Kaká. Danielle mal subiu no palanque e questionou o porquê da área ainda não ter se tornado uma reserva da biosfera. Meia dúzia de falas depois, uma assinatura aqui outra acolá, e em 2005 mesmo o local tornava-se a reserva da biosfera da Serra do Espinhaço.

Danielle também serviu de ponte entre Kaká e Dalai Lama, em 2003. Os três dividiram a mesa numa palestra sobre a cultura de paz, na França. "Fiquei fascinado com sua serenidade", Kaká diz. "Ele é minha inspiração de vida." É com a serenidade de Dalai Lama que Kaká rebate críticas sobre seu estilo calmo, calmo demais.

Marcos Terena, por exemplo, o líder indígena que conhece Kaká desde 1992, diz que ele deveria ser mais incisivo na defesa das terras indígenas. "Ele escolheu o caminho da performance, dos cantos, algo que lembra o indígena, mas não é identitária", diz Terena. "Acho difícil dizer que ele seja um líder indígena porque ora usa cocar, ora não. Ele não assume uma identidade étnica, ele faz algo genérico, ecológico, dizer que ele luta por uma determinada causa indígena é difícil." Enquanto saboreia uma água numa das padarias mais tradicionais de São Paulo, Kaká não muda um átimo sua serenidade a despeito das críticas. Reflete, e diz que prefere o diálogo: "Toda vez que nós fomos para o pau nós perdemos. Desde o ano 1.500", diz Kaká sobre os índios. "Sou fã dessa filosofia Guarani de manter o foco no diálogo."

É na paz imperturbável que ele pretende defender as causas indígenas, ambientais e da educação na futura campanha. Quer discutir o uso do solo, da poluição das águas e do uso sustentável das terras, e de conservar florestas em pé. São causas que ele defende há 30 anos. Ele preocupa-se agora somente em descobrir como virá a ajuda do partido. Sem dinheiro, confessa que está na expectativa de receber uma equipe do PV para guiá-lo, e tem dúvidas sobre se o partido irá investir na sua futura campanha.

"O recurso do partido é pequeno. Vamos animar os nossos quadros para aumentar o voto de opinião, por meio de organizações internas e pelos sites na internet", diz Penna, presidente do PV nacional, sobre o potencial de investimentos.

**Desde jovem o senhor participa de lutas pelas causas indígenas. Ainda na década de 1980, quando os índios Guarani passavam por um processo de luta por demarcação de terras e o senhor deu início à busca por apoio e sensibilização da opinião pública para fortalecer a comunidade. Foi nesse momento que sentiu que poderia contribuir com seu povo, participando ativamente no meio político?**

Sim. No início da década de 1980 conheci e fui acolhido pelos guaranis de São Paulo, na região de Parelheiros, no extremo sul da cidade, que naquela época era chamada de aldeia da Barragem e hoje leva o nome de Tenondé Porã. Naquele momento, um querido e sábio pajé, Alcebíades Werá, e o cacique Guirá Pepó tinham o desejo de regularizar as terras em que habitavam e fiz parte de um grupo que apoiou este objetivo. Mas a ideia que me encantou foi a proposta de Karai Mirim, uma relevante liderança e professor de história, que sonhava em ver na comunidade uma escola que contemplasse o fortalecimento da cultura local e que propiciasse o ensino básico e fundamental que a sociedade não-indígena exige. Dessa maneira, os guaranis ficariam mais preparados para lidar com uma dura realidade e desafio, manter a sua identidade cultural e ao mesmo tempo dominar os códigos de linguagem e saberes da sociedade como um todo. Em 1986, as terras Guarani ao sul da grande São Paulo foram então reconhecidas, graças a diversos tipos de apoio: antropólogos, sociedade civil, organizações sociais. Foi então que percebi que a mobilização cidadã era uma política eficaz para as nossas lutas. O problema é que as coisas param justamente no governo federal, que retarda há décadas a homologação final.

Veja bem, se observarmos somente a partir da Constituinte de 1988, época em que se determinou um prazo de cinco anos para a homologação de todas as pendências em relação aos povos indígenas, principalmente nas regiões em que já existiam estudos avançados em relação a isso – e avançarmos para 2014, mais de 25 anos depois – grande parte das terras tradicionais indígenas não foram homologadas. Então fica claro que uma dos imperiosos desafios ainda é a questão da terra. Mas também existe o desafio de novos paradigmas em relação a esta causa. Por exemplo, ao mesmo tempo em que indigenistas descobrem povos sem o menor contato com a sociedade envolvente ainda hoje, também temos uma diversidade de índios urbanizados, habitando em grandes cidades, que sofrem discriminação, falta de oportunidade econômica e inclusão social, enfrentando o descaso de assistência na área da saúde e na educação. Além disso, existe um desafio que é crucial não somente para os povos indígenas, mas para todo o ser humano na face da terra, que é manter as florestas e a diversidade de ecossistemas em pé. Este não é somente um desafio pertinente aos índios, mas é uma condição para haver futuras gerações no mundo.

**Quais são os principais desafios das comunidades indígenas hoje no Brasil?**

Desde a época das capitanias hereditárias que nenhum governo se interessa em alguma ação que dê liberdade, autonomia, reconhecimento, cidadania e dignidade ao índio. A história está aí, infelizmente, para mostrar isso. Na Colônia fomos caçados. No Império, José de Bonifácio nos classificou como bons "autômatos da civilização". Na Velha República fomos destituídos de valor social e cultural. No regime militar tentaram "integrar" nos desintegrando. Houve uma sensibilização maior nos governos Fernando Henrique e Lula, mas sem cumprimento de muitos acordos e propostas importantes estabelecidas pelos próprios governos, como a questão das homologações das terras, por exemplo. E agora a relação retrocedeu de um modo incrível. O governo Dilma investe bilhões em subsídios para os latifundiários, que por sua vez, incomodados com os índios, querem impor ao governo o poder de decidir sobre destino e demarcação dos povos, que recebem somente promessas.

**O que foi a União das Nações Indígenas? E o projeto Ambá Arandú?**

O projeto da criação do centro de cultura Ambá Arandú, proposto na década de 1980 pelo professor Karai Mirim, reunia cultura, educação e agro-floresta. Naquela época nem se falava em sustentabilidade, mas já sabíamos que o caminho era esse. Tivemos ao mesmo tempo o privilégio de iniciar sua implementação pelo saudoso educador Paulo Freire, secretário de educação do município de São Paulo na época, sendo continuado depois por Mário Sérgio Cortella, como também tivemos a dor de vê-lo sendo desestruturado pelo governo Maluf. Foi por isso que fundei o Instituto Arapoty, que começou a atuar pelas beiradas, buscando apoio junto aos setores empresariais que atuam com foco em responsabilidade social, e conseguimos realizar em algumas aldeias dos povos Guarani, Krahô, Pataxó, Kariri, ao longo dos últimos 20 anos, pequenos projetos sustentáveis que tem dado suporte para criar autonomia econômica, social e cultural para as comunidades.

**Como analisa a ação dos governos brasileiros em relação aos indígenas?**

Em 1987, algumas lideranças indígenas, como Álvaro Tukano, Marcos Terena e Ailton Krenak, revolucionaram a maneira de lidar com a política e as relações entre índio e não-índio. Através da união junto a lideranças ribeirinhas e caboclas, como Chico Mendes e outros, foi criada em São Paulo a Embaixada dos Povos da Floresta, e se já existia a UNI (União das Nações Indígenas), dali saiu o Comitê Intertribal, o Instituto Arapoty e outras dezenas de organizações verdadeiramente indígenas. Antes disso, havia sempre um tutor que falava pelos índios. Depois, com a influencia do tipo de ação que estes líderes propunham, nós passamos a interferir na sociedade com voz própria. Isto foi fundamental para conseguirmos o apoio da sociedade civil, ambientalistas, pesquisadores, etc., na questão da Constituinte de 1988. Lembro-me que os militares chegaram a interrogar algumas de nossas lideranças, achando que a UNI (União das Nações Indígenas) tinha como propósito separar o Brasil em diversos territórios indígenas. E o que queríamos na verdade era e é simplesmente o reconhecimento de nossas terras ancestrais, o direito de expressar nossos valores culturais, o direito de ampliar o nosso conhecimento com os saberes da sociedade sem que isso signifique desqualificar os nossos e a dignidade de sermos tratados como cidadãos, e não como estrangeiros em nossas próprias terras.

**O senhor é o candidato de São Paulo ao Senado Federal pelo Partido Verde. Como planeja atuar para melhorar a situação das comunidades indígenas?**

Em primeiro lugar, quero dizer que, do ponto de vista pessoal jamais pensei que poderia ser sequer pré-candidato ao Senado. Mas ao mesmo tempo é uma honra e oportunidade que o partido confere não somente à mim, mas à causa indígena brasileira e à causa da diversidade. Representa uma manifestação nítida das bandeiras que o partido defende, pois onde tem cultura indígena tem a questão ambiental e a questão da qualidade do futuro que queremos. Além disso, líderes antigos, mais velhos que eu, e portanto mais sábios, como Marcos Terena e Álvaro Tukano, e tantos outros do Acre, do Nordeste e de São Paulo, têm demonstrado apoio e têm colocado que é muito importante ocupar este lugar neste momento. Na verdade, os velhos sábios índios não pensam somente em si. Pensam no Todo. Queremos utilizar esta candidatura para dar visibilidade a questões gravíssimas que prejudicam não somente as etnias; queremos apontar, por exemplo, a maneira como se explora e se envenena o solo, a questão das águas e seu uso irracional para gerar energia, a questão das devastações dos ecossistemas, que afetam o clima, a economia, a saúde das pessoas. É uma candidatura à serviço da Terra, com o propósito de cuidar da Terra. Cuidando dela, melhora a situação dos índios e de todos os filhos da Terra. A situação dos povos indígenas vai melhorar quando cuidarmos desse chão, quando respeitarmos a diversidade, quando oferecermos educação, saúde e oportunidades iguais para todos e todas.

**Quais serão suas bandeiras caso seja eleito?**

As mesmas pelas quais atuo há quase 30 anos: não explorar o solo, as águas, a floresta de modo irracional e ganancioso. Pressionar para efetivar uma dívida histórica com os índios: que é dar terra e dignidade através da educação, da geração de renda e do respeito à diversidade. E haverá uma novidade, serei o senador acompanhado permanentemente por um conselho de líderes representantes de diversas etnias.

# SOBRE-VISÕES

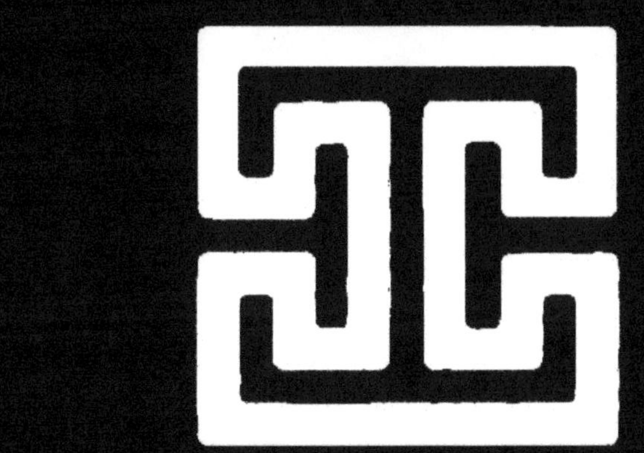

# ÍNDIO, GENTE, INDIGENTE

Artigo publicado na Folha de São Paulo, no dia 23 de abril de 1997, por ocasião da morte de um cidadão Pataxó, promovida por dois jovens residentes em Brasília pertencentes à elite social chamada "classe A", filhos de país de formação superior, e que tinham por diversão atear fogo em mendigos da cidade.

O que é um índio pataxó dormindo dentro da noite aberta no ponto de ônibus da capital do país? O que dormia ali? Dormia uma história. Dentro da noite fria de Brasília repousava por um instante quinhentos anos de lutas com o governo geral desta capitania hereditária. Repousava da luta de 1553, quando o então governador geral da Bahia, Duarte da Costa, permitiu que colonos escravizassem e tomassem as terras dos grupos tribais mais próximos dos estabelecimentos coloniais. Repousava de luta de 1555, quando violentos conflitos entre índios e brancos dizimaram grande parte dos tupyniquins do litoral baiano, obrigando 12 mil índios a emigrarem da Bahia em direção ao Peru. Obrigando 60 mil tupynambás, seus parentes mais velhos, a fugir, buscando a proteção da mata junto à foz do rio Madeira. Ficando aos que insistiram em continuar no porto inseguro daquela Bahia o apelido de "pataxó", que significa "o que restou", "a sobra". E o que restou dormia buscando o repouso naquela noite; da luta de 1557, quando chegou Mem de Sá, terceiro governador geral, e os pataxós recusaram-se a plantar, com o objetivo de resgatar as terras e a autonomia cultural em que viviam, provocando a fome por toda a província, que dependia do que eles cultivavam. O que fez com que o governo reagisse com três atos civilizados: "guerra justa", escravização e conversão. E dos que restaram, ficaram menos ainda. Então, o que dormia ali, na passagem do dia do índio para o dia do descobrimento do Brasil? Um pataxó. O que restou da resistência entre a passagem das longas noites desses dias. Repousando das lutas de 1500, 1600, 1700, 1800, 1900, 1997.

Mas a um cidadão que dorme tendo a noite como teto, a civilização nomeia-o indigente. Curiosa palavra de triste significado, representando a miséria humana. Nosso povo, que sempre habitou a floresta, só conheceu o espírito dessa palavra com a chegada da civilização, e tem sido dada aos que restaram ainda hoje essa lição de cor cinza e dolorosa, que passeia, urra e dorme pelas noites frias das grandes cidades. E hoje não só índios, mas gente de outras ascendências que fizeram esse país tem suas gerações vivendo a imerecida lição da indigência. Indigência de quem? Não se questiona. Sente-se que é feio. É tão feio que causa repugnância aos olhos dos filhos civilizados. Cheira mal. Não combina com as luzes de neon, nem com o colorido das festas dos jovens. Essa miséria humana não lhes pertence, então tomam a atitude de queimá-la. Será que eles não sabem que devem a boa vida que levam aos antepassados desses que se escoram no frio das noites? Será que eles não sabem que a beleza dessa cidade foi erguida do suor de muitos dos antepassados desses que gemem sem chão? Será que eles não sabem que o dinheiro que gastam hoje futilmente tem sido tirado secularmente na forma de aliciamentos, decretos, leis, guerras, epidemias e conversões religiosas dos antepassados dessa terra hoje chamada Brasil? Será que eles não sabem que a miséria que veem nada mais é do que o reflexo da miséria de espírito que habita neles e na civilização? E como filhos do poder da civilização caberia-lhes então queimar essa pobreza que habita em suas mentes e cultura, enraizada na forma de segregação racial e social, disfarçada pelo neon e pela pompa dessa velha capitania hereditária. Será que não sabem que quinhentos anos de atitudes do conselho, da corte, da mentalidade desse "governo geral" só têm gerado essa indigência cívica? E aquele que restou, o pataxó, naquela noite, só repousava, buscando recompor as forças do guerreiro, para continuar sua luta sagrada pela vida, pelas terras que alimentavam a boca de seus antepassados, que foram tiradas da noite para o dia no ano de 1553, e que dessa data em diante tem alimentado somente a boca dos filhos civilizados, de seus pais e seus governantes, milhões de hectares de terras desta nação, e do outro: povos e culturas diversas de entendimentos fragmentados em relação a esta causa. É muito desigual. Para inúmeras lideranças indígenas fica o isolamento e a dificuldade de articulações capazes de criar condições para fazer valer direitos básicos, como o de ser reconhecido o seu espaço ancestral.

Junta-se a isso o fato de que o órgão nacional que deveria tratar das políticas para a diversidade dos povos indígenas está sobrecarregado de maledicências e corrupções de décadas, onde o fio desta meada vai longe. Por isso, não é mudando uma pessoa que se irá resolver os problemas que caem sobre a Fundação Nacional do Índio, mas há que se mudar toda uma mentalidade, um modo de se relacionar com as culturas tradicionais, e há que se mudar um comportamento soberbo, de visão distorcida e corrupto de um pequeno grupo que tem se mantido no poder nas últimas décadas.

# O VALOR DOS VALORES

Palestra transcrita do seminário Tradições Sagradas e Religiões, realizado em 1998 na Universidade de Oxford, Inglaterra, que reuniu 17 representantes de religiões ocidentais e cinco representações de tradições ancestrais das Américas. Esse encontro gerou um grupo que fundaria depois a URI (United Religions Initiative)

Quando se fala em cultura indígena, ainda persiste no imaginário do Brasil e talvez de alguns países das Américas a velha ideia do homem da floresta ou da planície como um bárbaro, com sua nudez ou semi-nudez e práticas exóticas. Assim sendo, sua suposta tradição se relaciona com essa crua imagem aparente, ora romantizada, ora destituída de reconhecimento e respeito em diversos níveis. Sabemos que na cultura ocidental é a aparência externa que vale, ainda mais se aliada a acúmulos de coisas materiais muitas vezes incompatíveis com qualidade de vida e de relações. A ideia corrente no mundo é que a forma exterior organizada por comportamentos sociais baseados em culturas dominantes é que possuem valor.

Aqui, neste momento, quero relacionar então outras tradições culturais com valores diversos e diferentes desta parte do Ocidente. Emprego aqui a palavra tradição no sentido de conservação de valores, de éticas e de crenças que fundam e sustentam uma cultura, algo que vai muito além de costumes folclorizados ou de hábitos degenerados. Com uma complexidade própria que integra: cosmovisões, valores, códigos de linguagem e padrões de conduta.

Creio que uma tradição cultural não muda, no sentido de apagar-se para dar lugar à outra coisa. Mas evolui, por um sistema de adaptação e síntese com outras relações culturais, ecológicas e sociais. E creio que foi isso que talvez tenha acontecido com a chamada cultura indígena no Brasil e também de outras partes das Américas.

Possivelmente nas Américas de milhões de pessoas oriundas de milhares de etnias, talvez somente uma parcela perseverou com sua essência tradicional e suportou avanços, intromissões, seduções, sobreposições, de outras culturas invasoras e avassaladoras de ecossistemas.

Quando observo a chamada tradição europeia, esta se perde ou se dilui atualmente em um centro, ou eixo, dito globalizado, que busca interagir com uma diversidade complexa de povos, principalmente por causa de negócios e mercado, com foco exclusivo em supostos lucros e defesa de interesses de grupos perversos. Muitas vezes pergunto a mim mesmo se os Estados Unidos, principalmente pelas mesmas motivações capitalistas, evoluiu de fato no que diz respeito a valores humanos tanto quanto nos valores monetários.

Será que a Europa ou a América do Norte sabem o que é uma tradição? Será que sabem da importância de honrar as raízes culturais de onde suas cidades se ergueram? Parece que há uma confusão entre pasteurização de culturas de entretenimento que buscam uma espécie de hegemonia para haver mais fluxo econômico do que uma convivência e troca de experiências de tradições culturais.

No que se refere ao sagrado, as tradições atuais da Europa e da América do Norte, Central e do Sul são ainda crianças diante das culturas nativas destes territórios. As principais religiões europeias derivam e são ramificações do cristianismo que se iniciou a mais ou menos dois mil anos e que merece todo o meu respeito. Ocorre que no Brasil existem tradições sagradas de 5 a 12 mil anos, e algumas ultrapassam a própria memória dos tempos, como é o caso dos Tapuias e dos Tupys. Tentaram massacrar essas visões ancestrais do sagrado quando os aventureiros dos vossos países penetraram nas Américas. Tentaram fazer o que fizeram há dois mil anos atrás com os antigos gauleses, celtas, druidas, cátaros de uma Europa milenar. Em algumas regiões conseguiram. Mas em muitas outras não. Agora querem homogeneizar o sagrado. Querem pasteurizar o sagrado. Querem torná-lo produto consumível como um refrigerante. Chamam isso de "efeito da Globalização". Mas o sagrado e a tradição são particularidades de grupos, povos e culturas, impossíveis de dar uniformidade superficial, assim como línguas e modos de expressão artísticas.

O entendimento, a busca e a conexão com o Mistério Divino, características do sagrado, é diverso porque são diversas as percepções do Incomensurável. É natural que assim seja. É bom haver diversidade religiosa. É saudável para a inteligência humana, que dessa maneira pode comparar, refletir, mensurar, meditar, contemplar e fazer com que algo dentro de si cresça ou se lapide. Algo como fé, compaixão, beleza, devoção ao Todo. São coisas intangíveis, subjetivas. Portanto, impossível de perceber igualmente por todo mundo.

Enfim, não dá para globalizar o sagrado e nem dá para destituir de valor e respeito qualquer outra religião ou tradição diferente de um grupo supostamente predominante. Mas dá para nos alinharmos por princípios em comum. A paz, por exemplo. O serviço altruísta. A cooperação mútua. A compaixão. São valores reconhecidamente profundos e necessários para a evolução do ser em todas as religiões. Nestes pontos podemos nos unificar, transcendendo diferenças de línguas, de cor, de raça, e de tradições. É isso que tenho a dizer, é o que meu coração ligado às minhas raízes mais profundas quer falar. Obrigado a todos pela atenção.

A literatura escrita por índios é relativamente nova no Brasil. Iniciou-se no principio dos anos de 1990. Isso não quer dizer que os índios não escreviam ou que não haviam aprendido os códigos de comunicação da sociedade que aqui aportou no século XVI. Os padres jesuítas ensinavam os guaranis a ler e escrever desde essa época. O inconveniente é que eles usaram a educação como um método de desvalorizar a cultura ancestral. Mas índios escreveram sobre medicina das ervas, sobre seus mitos e suas formas de pensar desde aquela época.

Em 1556, aproximadamente, mais de 40 tupynambás foram levados por Villegagnon, um comandante de frotas de navios que chegou ao Brasil na mesma época dos portugueses e desembarcou na Baía da Guanabara, conseguindo estabelecer uma relação com os tupynambás e os convenceram a ceder o Pau-Brasil para eles em troca de ferramentas agrícolas, espelhos, galinhas e machados. Ocorreu que alguns ficaram por lá, dominaram língua e se adaptaram ao lugar. Existem notícias de que houve quem inclusive estudou em Sorbonne na época. Escreveram cartas, tornaram-se "consultores" do rei para assuntos de relações diplomáticas com os povos do Brasil.

Em São Paulo da época quinhentista, o colégio de Piratininga formou centenas de índios guaianás ao longo de suas décadas de existência, e com certeza eles escreviam. Mas infelizmente toda visão do chamado "homem branco" (para utilizar um termo de filme hollywoodiano) sobre índio até o início dos anos 1990 ou foi a partir de um olhar do aventureiro seiscentista, ou de etnólogo, antropólogo, sociólogo ou algum outro especialista. Isto não quer dizer que não buscaram refletir suas impressões ou estudos com seriedade. Tem muita coisa boa dita sobre índio por especialistas não-indígenas. Mas tem muita coisa ruim também, e algumas viraram verdades exclusivas de toda uma diversidade de etnias. Como a ideia de "índio comedor de gente", ou a ideia de índio arredio ao trabalho, que na verdade era arredio à escravidão.

Outra questão que cabe ressaltar também é que a ideia de que as culturas indígenas só relatavam lendas é pura "lenda". Muitas vezes, quando deparo com alguém que me pergunta o que faço, quando digo que sou escritor indígena, logo emendam: "ah, sei, escreve lendas." E só me resta suspirar e abanar a cabeça. O fato é que o território cultural/cosmogônico dos povos nativos possuem percepções e considerações em relação a níveis e planos de existência que vão além daquilo que percebemos com os cinco sentidos. Outras dimensões de vida são expostas em histórias onde se apresentam seres encantados, espíritos, animais, árvores e pedras que falam. Soam para a estrutura de pensamento cartesiano da sociedade não indígena como fantásticas ou fantasiosas, por isso enquadrando-se no gênero "lenda".

No entanto, alguns clássicos da literatura oral indígena são relatos filosóficos de alguns povos. Sim, são partes de uma linguagem simbólica nascida das diversas inteligências de suas respectivas tradições, portanto de difícil associação ao modo de pensar e ver do "homem branco" ocidental, ao mesmo tempo em que necessariamente não são metáforas e nem parábolas para defender determinadas lógicas.

O que eu quero dizer com isso é que, por exemplo, a lenda do guaraná, a lenda da mandioca, a lenda do milho podem talvez não ser uma metáfora que busca representar o ensinamento de determinados valores. Do ponto de vista dos maués, dos tupys e dos guaranis, essas histórias para cada um deles podem ter realmente acontecido.

No início da década de 1990 eu escrevi um livro chamado "Todas as vezes que dissemos adeus" e Daniel Munduruku escreveu um livro chamado "Coisas de índio". De lá para cá, inúmeros escritores indígenas foram surgindo. Aliás, Daniel se tornou um grande incentivador não somente da literatura indígena, mas do surgimento de escritores indígenas. Estimulou através de promoção de encontros, da organização de entidade específica, da promoção de parcerias com editoras.

Hoje existem mais de cinquenta escritores indígenas em atividade, trazendo a expressão de seus pensamentos e de suas respectivas literaturas, colaborando para diminuir a distância de entendimento de costumes, valores, mitologias, etc., entre a sociedade não-indígena e os remanescentes das culturas ancestrais.

O Brasil é um país que tem a presença da diversidade cultural hoje e também muito anterior a sua fundação. Inúmeras culturas milenares que por aqui habitavam desenvolveram modos de vida peculiares, mas havia em comum o fato de que levavam em consideração uma relação econômica mediada pelos ciclos da natureza, dos respectivos ecossistemas por onde circulavam. Além disso, a consideração do meio-ambiente como entidade viva e a utilização de seus recursos com cuidado no manejo já revelava uma consciência integrada à rede dinâmica da vida e suas interdependências. Poderíamos denominar este sistema econômico de "economia do cuidado".

Atualmente, esta diversidade específica, espalhada por todo o Brasil e tantas outras matrizes fundadoras da nação, divide-se em três dimensões, além da sua multiplicidade étnica: as culturas isoladas, que permanecem respectivamente nos seus modos de vida tradicionais; as culturas aldeadas, mas que interagem com a sociedade não-indígena em diversos níveis, procurando assimilar também seus códigos de conhecimento e com o desafio de manterem valores tradicionais; e as culturas desaldeadas, que vivem nas periferias e áreas urbanas das grandes cidades buscando alternativas de subsistência, resistindo culturalmente e enfrentando crises de identidade e exclusão social.

Por entre estas diferentes realidades permeiam exemplos de comunidades que recriaram modelos de desenvolvimento baseados nos valores tradicionais e ao mesmo tempo aderindo à estrutura capitalista de geração de renda. Como é o caso dos Ashaninka, que produzem o urucum para vender, mas com uma alta consciência de manejo. Como também é o caso dos Baniwa, que produzem seu artesanato, negociam com lojas de alta rotatividade das metrópoles, mas não alteram seu ritmo de produção de acordo com a demanda do mercado, mas de acordo com a manutenção do equilíbrio e limites do ecossistema de sua região.

É claro que o exemplo dos casos não tem por objetivo mostrar que é a alternativa para um projeto de política econômica de desenvolvimento. Mas podemos pensar que em uma sociedade complexa e diversa, que caminha para a consciência da interdependência, há que se abrir para a possibilidade de acolher diversos pequenos sistemas econômicos baseados em valores locais, no cuidado social e no manejo responsável.

A questão é que nós ainda usamos a palavra desenvolvimento atrelada ao atendimento de necessidades e consumo. No entanto, uma parcela da sociedade está evoluindo para uma consciência mais atrelada ao atendimento de valores e de produção de conhecimento. Inclusive no meio do primeiro setor, muitas empresas já perceberam que existe um tipo de consumidor que não compra mais um produto em si, mas o valor que ele representa.

A questão de indicadores de riqueza também é algo que precisa ser revista. No Brasil e no mundo, tudo que se vende, inclusive armas e drogas, serve como indicadores de riqueza, mas qualidade de vida não. Será que é primitivo pensar em uma sociedade onde valores que integram, por exemplo, diversidade, respeito mútuo, cooperatividade e indicadores que consideram o equilíbrio ecológico como riqueza?

Ou seja, podemos perceber que existe a possibilidade real de haver um modelo de desenvolvimento relacionado à evolução: individual, social, ecológica. Em detrimento a um modelo velho ainda relacionado à exploração indiscriminada de recursos, indivíduos e culturas. Mas antes, para isso, é necessário haver um envolvimento. Envolver sustentavelmente para desenvolver.

# TRISTES TRÓPICOS, FRANCOS FRANCESES

A política para o índio no Brasil é baseada no mais perverso jogo de relação de dependência e assistencialismo que existe no país. É um jogo antigo, pois é assim desde o século XVI. A lógica é a mesma: primeiro cooptam alguns índios por alguma ninharia e promessa; depois estimulam a fofoca para colocar parente contra parente, líder contra líder, grupos contra grupos. E, por fim, vão mantendo a relação com alguns incautos, na base de presentinhos e servicinhos básicos.

O principal tema que se relaciona à questão indígena é a questão da demarcação de terras, que é um outro jogo, o de campo minado, onde de um lado estão os interesses de ruralistas envenenadores da terra, caçadores de minérios e desmatadores, que querem manter longe dos seus territórios de interesse os povos e famílias que habitam milenarmente determinadas regiões.

O Estado brasileiro ainda continua tratando a questão indígena como no século XVI, ou seja, de acordo com a política da catequese. No passado era a catequese religiosa, e atualmente é a catequese social. No entanto, atualmente temos grandes líderes indígenas, como Álvaro Tukano, Marcos Terena, Ailton Krenak, Daniel Munduruku. Estes são alguns dos mais antigos ativistas da causa indígena, que possuem experiência e trânsito internacional em relação à questão dos direitos humanos. Mas o governo brasileiro ainda insiste em escolher para cargos de autonomia executiva aqueles que "estudam" ou "estudaram" os índios. São "indigenistas", são "antropólogos", são especialistas disso e daquilo. Mas já passou da hora do próprio parente indígena conduzir as políticas públicas que dizem respeito às suas raízes. Por mais competentes e estudiosos que sejam tais especialistas, o seu olhar será sempre do ponto de vista alheio à alma mais profunda da cultura ancestral do Brasil.

Durante o ano que passou, em diversos lugares do Brasil, mais notadamente em Mato Grosso do Sul, Maranhão e Bahia, viu-se nos noticiários índios sendo afrontados em sua dignidade, em seus direitos e inclusive em suas vidas. Ocorre que estes fatos acontecem desde a chegada das caravelas cabralinas. Temos assistido uma sucessão secular de afrontas.

No entanto, o mundo mudou. O Brasil mudou, os povos indígenas também mudaram. Inúmeras etnias se foram e outras tantas se transformaram, ou foram transformadas à pulso; e atualmente temos líderes indígenas capazes de dar atenção que determinadas circunstâncias merecem. Nesse sentido, precisamos do apoio da sociedade como um todo para que nos ajude a colaborar com o resgate da dignidade das raízes que formaram o povo brasileiro, afinal, quem melhor entende de índio é o próprio índio!

# A VISÃO DO BRANCO E OUTROS TONS

Palestra proferida em 1998 na
Califórnia, EUA, no Fórum para a
Iniciativa das Religiões Unidas na
Universidade de Stanford

Senhores, este é um momento histórico para mim. Agradeço a oportunidade de estar aqui, com cerca de 250 representantes das mais diversas religiões do mundo, nesta Universidade de Stanford, dispostos a ouvir o que aconteceu com as culturas ancestrais das Américas e desejosos de saber algo sobre a visão de mundo destas raízes. Sinto que é um esforço sincero de todos os que estão presentes e um desejo de superarmos traumas coletivos que se relacionam com a ancestralidade americana em suas três partes: a do norte, a do centro e a do sul.

Vamos começar pela ideia da divisão do cidadão na América do Norte entre "homem branco" e "pele vermelha" no modo de falar do norte-americano, que repercutiu não somente nesta sociedade, mas influenciou também o povo brasileiro. A ideia da divisão do cidadão na América do Norte entre "homem branco" e "pele vermelha", no modo de falar do norte-americano, repercutiu não somente nesta sociedade, mas influenciou também o povo brasileiro. Este termo chegou ao Brasil através dos filmes de Hollywood da década de 1940 e atingiu seu apogeu na década de 1970, mas continua sendo utilizado até os dias de hoje, com as variações: branco versus índio, branco versus bugre, além do velho conhecido termo cara-pálida versus pele-vermelha.

Durante o primeiro ciclo deste tipo de cinema, chamado de "western", nas dezenas de filmes produzidos, o homem branco era o herói, o valente guerreiro civilizador, o mocinho e desbravador. Em oposição, o pele-vermelha era o fora-da-lei, o preguiçoso, o perigoso estorvo ao progresso e o curandeiro pagão. Um era o mocinho, o outro, o bandido.

Estes filmes foram produzidos entre as duas guerras mundiais e havia uma estratégia norte-americana de criar uma imagem de herói nacional e reforçar crenças coletivas como a de um povo predestinado por Deus, de cultura superior às outras culturas, forte, altaneiro, imbatível e dono da verdade.

Na época, se apoiaram na ideia de enaltecimento de um orgulho americano baseado no enaltecimento de sua colonização e conquista territorial que se inicia no século XVIII, que historicamente ficou conhecido como "A marcha para o oeste". Aquele foi o período em que os EUA iniciam um processo de expansão territorial, passando de 2,3 milhões de quilômetros de área para 9,3 milhões de km. E isto custou a vida de milhões de pessoas e culturas nativas locais, em um longo processo de guerras, como as relatadas a seguir, ocorridas entre 1778 e 1890:

1. Guerras Comanche (1836-1875)
2. Guerras Cayuse (1848-1855)
3. Guerras do rio Rogue (1855-1856)
4. Guerra Yakima (1855-1858) – colonização do território de Washington

5. Guerra Spokane-Coeur (1858) – Columbia Britanica

6. Guerras indígenas da Califórnia – (1860- 1865)

7. Guerra Lamalcha (1863)

8. Guerra Chilcotin (1864)

9. Guerras Navajo (1861-1864)

10. Guerras Hualapai (1864-1869)

11. Guerra Dakota (1862)

12. Guerra de Nuvem Vermelha (1866 – 1868)

13. Guerra do Colorado (1864-1865)

14. Massacre de Sand Creek (1864)

15. Campanha Comanche (1867 – 1875)

16. Guerra Modoc (1872-1873)

17. A famosa (e explorada diversas vezes cinematografica-
mente) Guerra de Black Hills, ou Campanha de Little Big Horn
(1876-1877), que culminou com a Batalha de Little Big Horn,
quando, sob o comando de dois chefes nativos, Touro Sentado
e Cavalo Louco, após uma união de diversas nações indígenas,
sendo as principais os Sioux e os Cheyennes, os índios conseguiram derrotar a Sétima Cavalaria, aquela liderada por George
Armstrong Custer, o famoso general Custer.

De heroísmo estas guerras não tiveram nada. Foram longos anos de invasões, massacres e desestruturações de culturas.
Embora realizadas contra etnias diferentes e em várias circunstâncias, a origem dos conflitos possuem algumas características em comum: a invasão de territórios tradicionais de etnias
milenares da região, o não cumprimento de acordos por parte do chamado homem branco, na maioria das vezes por im-

posição de uma elite de empreiteiros e empresários de ferrovias, que cortavam territórios tradicionais para ligar pontos de transporte de riquezas minerais, passando por cima de culturas de subsistência, lugares sagrados, etc.

Com o tempo, os povos indígenas norte-americanos foram empurrados gradativamente para lugares cada vez mais áridos, inférteis, isolados e diminutos. Há o caso dos seis mil Cherokee, por exemplo, que aceitaram sair de suas terras e caminhar a pé, literalmente, até o árido espaço destinado a eles, sob a vigilância militar. Chegou ao destino somente um terço da população. Os demais morreram de cansaço, doença ou fome. Momento tão terrível e de humilhação que ficou registrado na história norte-americana como "Trilha das Lágrimas".

Dos 25 milhões de nativos, falantes de mais de 2 mil idiomas, após o período das guerras, restaram cerca de 10% da população, ou seja, cerca de 2 milhões de pessoas. Todas estas guerras foram chamadas de "justas" pelo governo norte-americano na época.

O propósito de exposição desse longo genocídio indígena ao norte da América não tem caráter acusatório ou de revanchismo, mas mostrar, através dessa experiência do passado, como uma visão extremamente discriminizadora, centrada em interesses mesquinhos, gananciosos e de pequenos grupos, que desconsidera e desrespeita a diversidade, a alteridade e muitas vezes os próprios acordos resultados de diálogos entre as partes, pode provocar catástrofes de alto grau de desumanidade. Curiosa ou ironicamente, os invasores eram chamados de "civilizados", no sentido de serem "mais evoluídos" do que os nativos.

Somente na década de 1960 é que a população indígena dos EUA, estimada atualmente em 2,8 milhões de pessoas, distribuídas entre Apache, Navarro, Cherokee, Choctaw, Sioux, Chippewa, Blackfeet, Iroquois, Pueblo e outras, conquistaram o direito de nações, passando a possuir assim certa soberania e poder de firmar tratados. Atualmente possuem escolas tradicionais, faculdades tribais, cassinos, museus, e até canais de televisão. São considerados cidadãos, se formam e atuam como médicos, professores, atletas, políticos, empresários, agricultores, etc. Nem por isso perderam sua indianidade. Existem atualmente cerca de 560 governos tribais reconhecidos oficialmente e que possuem direitos semelhantes aos cinquenta estados que formam os EUA.

No caso do Brasil, tivemos um primeiro ciclo de guerras, no século XVI, que se estendeu até o século XIX praticamente. Nem todos os períodos foram registrados historicamente, mas podemos citar alguns:

1. Confederação dos Tamoios – 1555-1567
2. Guerras dos Aymorés – 1555-1673
3. Guerra dos Potiguares – 1586-1599
4. Levante dos Tupynambás – 1617-1621
5. Confederação Cariri – 1686 – 1692
6. Revolta de Mandu Ladino – 1712-1719
7. Guerra dos Manaus – 1723-1728
8. Resistencia Guaikuru – 1725- 1744

9.  Guerra dos Muras – século XVIII

10. Guerra Guaranítica – 1753- 1756

Nos primeiros dois séculos, que ficaram conhecidos como "Entradas e Bandeiras", tivemos a façanha de portugueses e mestiços em uma verdadeira febre por ouro e prata e madeira que foi responsável pela escravização de milhares de pessoas de diversas etnias milenares.

No Brasil, houve um episódio também chamado de "Marcha para o Oeste" no período pós-Segunda Guerra Mundial, no governo Getúlio Vargas. Nome dado a um livro escrito por Orlando Villas Boas, a partir de episódios vivenciados por uma expedição liderada por ele e seus irmãos, entre 1943 e 1949. Naquela época o país era uma nação litorânea de 43 milhões de habitantes, e desde da década de 1920 se discutia a necessidade de expandir territorialmente o país.

Se na experiência americana havia um militar, o famoso general Custer, que dizia que "índio bom é índio morto"; na trajetória brasileira havia o marechal Rondon, que dizia: "Morrer se preciso for, matar nunca.".

Nessa época, foi um segundo período ocorrido entre um hiato de inúmeras guerras ocorridas entre índios e não-índios. Os organizadores da marcha não tinham noção das inúmeras etnias ainda presentes no interior do Brasil.

A década de 1950 e 1960 no Brasil é marcada pelas inúmeras expedições de "contato" com povos totalmente distintos da população litorânea brasileira. A originalidade desses povos chamou a atenção da mídia, destinada à divulgação de coisas fantásticas e exóticas, e nos anos 1960 os militares aparelharam o Serviço de Proteção ao Índio, que depois viria a ser a Fundação Nacional do Índio. O principal objetivo era ter o controle e domínio territorial.

Nos Estados Unidos da América, as últimas nações indígenas foram empurradas para os desertos e no Brasil ficaram sob a tutela do Estado e criou-se um mecanismo de demarcação de terras tradicionais, onde uma vez reconhecida pelo Ministério da Justiça, passa a ser de "usufruto" para os povos.

Inúmeras culturas lutam por reconhecimento e demarcação de terras, mas o fato é que mesmo demarcadas elas continuam sendo do Estado. Ainda assim, mesmo após estudos antropológicos e jurídicos, dificilmente uma área indígena é demarcada. Isso acontece porque as áreas onde circulam as culturas milenares são ricas em minério, biodiversidade, madeira.

Por conta destes longos períodos de destruição e extorsão envolvendo culturas e ecossistemas e pela habilidade dos invasores de criar no imaginário da sociedade a ideia de índio como "bandido" e do "homem branco" como mocinho, a sociedade das Américas praticamente desconhece que as raízes culturais dessas terras são nutridas por cosmovisões, filosofias, tecnologias sociais, economias, artes e espiritualidades diversas. Muitas delas com dignos valores e com profundidades éticas e originalmente sem tradições de guerras. As guerras nasceram como uma reação à desacordos e invasões violentas.

Todas as cosmovisões destes povos falam do "Grande Espírito", o "Grande Alento" que vivifica toda vida que existe sob uma forma e o considera como "Pai". Todas as cosmovisões também reconhecem a Terra como a "Grande Mãe" de todas as vidas e reinos. Portanto, nestas cosmovisões, todas as pessoas, comunidades, nações, línguas, respiram e se nutrem de um mesmo Pai e uma mesma Mãe. Esse casal misterioso e divino pulsa em todo coração vivente. Suas presenças vibram no ritmo de um tambor ou de uma maraca, instrumentos percussivos que dão os tons das batidas de nossos corações. Revelando que somos na verdade um só povo: o humano, que por sua vez é membro de três outros grandes povos que nos antecederam: o povo mineral, o povo vegetal e o povo animal.

No entanto as experiências de cada comunidade em suas diferentes regiões de presença e desenvolvimento é diversa. Tenho certeza de que todas as culturas possuem contribuições evolutivas, possuem valores sagrados, e que se realizarmos mais círculos como esse, onde temos a oportunidade de falar e ouvir, iremos somar esses valores sagrados e iremos com o tempo aprendermos uns com os outros naquilo que temos de particular e essencial e naquilo que temos de coletivo vivenciado. Podemos nos influenciar não no que temos de pior, mas no que somos de melhor, e construiremos pontes e redes entre nós, baseados nas virtudes dos que nos antecederam e creio que assim poderemos curar velhos traumas. Acredito nisso. Obrigado a todos.

# O PODER DO TEATRO E AS TÁTICAS DE RESISTÊNCIA

Diálogo entre Kaká Werá e Zé Celso Martinez Correa no seminário promovido pelo Ministério da Cultura, com organização de Ana Lúcia Pardo, no Rio de Janeiro, em 2004.

**[Ana Lúcia Pardo] Kaká Werá, há ainda um desconhecimento profundo dos brasileiros em relação à cultura indígena e à nossa história, por isso inserimos no seminário "A teatralidade do humano" a questão indígena, e convidamos também o diretor de teatro Zé Celso Martinez Corrêa para participar deste diálogo. O que você acha disso?**

[**Kaká Werá**] Acho o tema da teatralidade do humano de extrema importância, particularmente naquilo que se refere à questão do índio, a nossa cultura ancestral. O índio que se conhece até hoje, nestes últimos 500 anos, é o índio teatralizado. Infelizmente, para maior parte da população brasileira, o índio é um personagem, não existe de fato. O Brasil tem uma ideia vaga dessa diversidade de povos que até hoje estão espalhados por aí e tem uma ideia fragmentada do que pensam e das suas visões de mundo, das suas verdades mais profundas. Isso se deve ao fato de a sociedade na qual vivemos ser uma sociedade que mede, julga e reconhece as coisas e as culturas pela forma e aparência. O teatro é uma arte que expressa pela forma e pela aparência, mas que expressa o conteúdo de quem está por trás, de quem representa, de quem escreve e de quem dirige. Muitas vezes a serviços de outros sistemas de ideias, de outros sistemas de verdades.

O que aconteceu aqui no Brasil há 500 anos foi uma teatralização dos povos ancestrais, foi assim que nasceu o Brasil. A historia reconhece que milhões foram massacrados, que inúmeros povos foram dizimados por doenças trazidas por outro lado do Ocidente. Na minha percepção, tão terrível quanto a guerra, quanto a doença trazida do outro lado do oceano e quanto a escravização para os povos indígenas foi o teatro. Uma guerra acaba com os corpos, mas a alma continua. Uma doença provoca muitas vezes a dizimação das famílias, mas o espírito continua. Mas o teatro que fizeram no passado não acabou com os corpos, acabou com visões de mundo autênticas e modos de ser milenares.

O teatro desestruturou cosmovisões ancestrais, valores ancestrais, valores sagrados. Ele desestruturou o modo de pensar e o modo de os índios se relacionarem com a realidade, em nome de uma suposta verdade maior. Isso ocorreu porque ele foi instrumento de catequização. Ou seja, além da invasão do território físico, houve a invasão do território de visões e cosmovisões ancestrais que haviam por aqui.

No século XVI vamos observar dois palcos: um chama-se Piratininga, que é chamado centro de São Paulo hoje, e outro Paranapuã, que é exatamente o lugar em que estamos agora, neste debate. Entre esses dois lugares, esse dois espaços, conviviam parentes: os guaianás, do lado de lá, e do lado de cá os tupynambás. Um dos principais caciques daqui, Cunhambebe, era irmão do principal cacique de lá, Tibiriçá.

Com a chegada dos jesuítas, especialmente do padre José de Anchieta, inicia-se um trabalho de adaptação dos chamados autos, no teatro que se fazia na época, para implementar o seu sistema de ideias, implementar suas verdades junto aos guaianás. Esses autos forçavam as crianças guaianás a representar, forçavam os chefes dos guaianás a representar, criando um palco, criando um espaço, criando o que foi chamado de colégio, totalmente distante da realidade cultural dos povos ancestrais.

O grande instrumento de educação do século XVI dos jesuítas foi o teatro, que aplicavam no colégio. Os índios representaram a morte deles mesmos, porque José de Anchieta os coloca como os personagens do mal. Aimberê e Cunhambebe representam o mal, representam os demônios. Os pajés eram representados como o próprio diabo.

Assim, por meio do teatro, os pajés se tornaram diabos e os líderes indígenas e sua sabedoria se tornaram demônios. Peguem os textos teatrais de José de Anchieta do século XVI, que vocês vão ver os personagem que existem lá. Aimberê, o grande demônio, Cunhambebe, o próprio Satã, e assim vai. Os autos de José de Anchieta, plagiados de Gil Vicente, conseguiram colocar a ideia do mal e do bem dentro de uma cultura onde isso praticamente não existia. E, mais que isso, as peças que eram representadas, com o passar do tempo, faziam com que os guaianás apagassem sua memória e os convenciam de que suas próprias visões, seus próprios valores estavam errados, seu modo de ser estava errado.

Por isso penso que para os índios tão terrível quanto a guerra foi o teatro, porque os corpos e as gerações futuras continuaram morando nas aldeias, nas tabas, porém as cabeças e os corações já estavam entorpecidos da visão transmitida pelo teatro do século XVI.

No Rio de Janeiro, em Paranapuã, não houve esse tipo de catequização. Os franceses que aqui chegaram apelaram para a estratégia do escambo, do comércio, trouxeram machados, galinhas, espelhos. Mas, quanto foi necessário, eles também usaram o teatro. Os franceses que aqui chegavam queriam aumentar a quantidade de pau-brasil que levavam daqui e precisavam de patrocínio dos reis, principalmente para conseguir mais navios para o transporte. Eles já conviviam com tupynambás, participam de suas celebrações e suas festas. No Rio de Janeiro, onde hoje fica o Hotel Glória, e ali em cima, onde hoje é a Urca, juntaram entre oitenta e noventa tupynambás, chamaram também seus parentes e os convenceram a ir para a França fazer uma apresentação de dança tupynambá para o rei.

Foi assim que, em meados do século XVI, cinquenta tupynambás foram a França para mostrar a sua celebração, que foi apresentada como teatro. Metade dos atores eram os capitães, participantes das embarcações, que já conviviam com os tupynambás. Isso fez tanto sucesso que os reis patrocinaram os corsários para aumentar a frota de navios e pegar mais pau-brasil. Mais uma vez aí está o teatro, utilizado como estratégia de convencimento de exploração do ivirapitanga, chamado por vocês de pau-brasil.

O teatro para nós representa também uma longa e triste história, porque os tupynambás daqui morreram nas guerras, nas resistências. Foram mais de 50 anos de disputa entre portugueses de São Paulo e franceses do Rio, usando como isca os povos, fazendo uns brigarem com os outros. Tibiriçá, depois, se converteu ao catolicismo, transformou-se num cacique católico. E Cunhambebe se tornou revoltoso. Assim irmãos começaram a brigar com irmãos, e parentes começaram a brigar com parentes e acabaram  se destruindo.

Mas o teatro continua porque os povos daqui foram exterminados, mas continuaram a ser representados como canibais para justificar o extermínio. E assim que são vistos os povos antigos daqui. Continuaram sendo dramatizados como canibais para justificar o genocídio. Graças ao genocídio se fundou a cidade de São Sebastião do Rio de Janeiro. Não sei se vocês sabem, mas foi graças a essas resistências que nasceu o Rio de Janeiro.

O teatro continuou e foi mais além, porque os povos do lado de lá continuaram a sua vida nos corpos, mas sua essência já estava entorpecida. Então hoje os povos indígenas que vocês veem entre o litoral de Angra dos Reis e o litoral de São Paulo, vendendo artesanato à beira das estradas, muitas vezes bêbados, são somente corpos que restaram desse teatro realizado 500 anos atrás.

Esse é o resultado daquelas dramatizações que José de Anchieta escrevia, dirigia e que foram fundamentais para a desestruturação dos nossos ancestrais.

**[Plateia] Essa é a situação dos índios hoje?**

**[Kaká Werá]** Hoje os índios se contentam em receber a assistência dos órgãos do governo. Acham que a cultura é isso mesmo, é reivindicar na Funai e receber uma "coisinha", reivindicar junto a alguns departamentos na área de saúde e receber uma "coisinha", porque a sua cultura sagrada e ancestral, a sua cosmovisão está entorpecida, porque o seu sistema econômico, sustentável e ligado à natureza foi fragmentado e destruído. Aqueles que restaram são pedintes e requerentes de assistencialismo.

Assim como o brasileiro que vive de Bolsa Família, muitos dos povos vivem daquilo que a Funai patrocina e aceitam a tutela, aceitam o papel a que o Estatuto do Índio os submete. Hoje, o palco da civilização os submete a representar o papel de serem tutelados pelo Estado, e o teatro tem sua culpa nessa história.

É isso que eu queria deixar registrado, que esse teatro não é aquilo que os povos e as culturas indígenas entendem por celebração e representação. Claro que houve esforço depois para dramatizar o índio romântico, bonzinho. Foi isso o que fez José de Alencar. Mas o índio alencariano é personagem que não corresponde à diversidade dos povos. Tempos depois, Mário de Andrade colocou mais um personagem no imaginário do brasileiro, Macunaíma, que também não corresponde ao que verdadeiramente representa o Macunaíma dos Wapichana. Ninguém sabe quem é Macunaíma. Tem apenas uma ideia, que é a do escritor, que supostamente a expressou.

**[Plateia] O que é o teatro para os povos indígenas?**

**[Kaká Werá]** Não existe a palavra teatro para os povos indígenas. Existe a celebração. Enquanto aqui o teatro é uma forma de entretenimento ou de caracterização de alguma coisa, para os povos indígenas a representação do círculo da celebração é uma forma de entrar em conexão com aquilo que há de mais sagrado e profundo, entrar em conexão com consciências superiores e inteligências diferentes da suposta inteligência humana.

A representação para os povos indígenas é uma maneira de dialogar com as outras consciências e sistemas de vida da Terra. O ser humano não-indígena considera o seu reino o único inteligente entre os quatros reinos, mas os povos indígenas consideram os reinos vegetais, animal, mineral e humano como uma tribo. Para haver conexão, trocar e interação entre esses reinos é que existem as representações indígenas, para fortalecer e reintegrar, para reconhecer, penetrar em determinados níveis e portais da consciência. Isso é o que significa para nós um rito, uma representação, uma celebração: compartilhar e alma das coisas, a essência das coisas.

**[Plateia] E o que é o Kuarup?**

**[Kaká Werá]** O Kuarup acontece até hoje na região no Xingu e também é um ritual de abertura de portais entre os mundos. Os povos indígenas não reconhecem o tempo aqui agora em que estamos como realidade, mas somente como a ponta e a sombra dela. O Kuarup é uma representação que ajuda esse ponta e essa sombra da realidade a se unir com a realidade primordial, e dessa forma, fazer as passagens de dias seguidos. Mas muito difícil compartilhar isso com vocês, porque não se conhece cultura, os valores e cosmovisão indígena. O que conhecemos é, de maneira superficial, a aparência, o exotismo, o folclore de algumas festas, de algumas celebrações. Não se conhece nada sobre como os povos veem, sentem e percebem a vida, a realidade e os relacionamentos.

Nesse sentido, o Kuarup é uma cerimônia que se faz para as pessoas que deixam seus corpos e estão transitando para outros mundos, a fim de que esse trânsito seja seguro e a estrada seja clara. Representa-se a passagem, celebra-se a passagem desde o ponto de origem de onde a humanidade começou até o ponto de reencontro entre os mundos, para que aqueles espíritos, aqueles seres, sejam direcionados a outros níveis de consciência. É uma representação que tem um sentido muito profundo e sagrado, não é simplesmente um entretenimento, é um compartilhar de portas de saída e de entrada de mundos, de passagem do tempo material para o tempo imaterial. É muito difícil a sociedade respeitar e reconhecer o que nós representamos, ritualizamos e celebramos.

Não é como teatro, no sentido de entretenimento, mas uma maneira de nos conectarmos com o que nos chamamos de grande espírito. Em tupy-guarani, nhamandu. Não tem nada que façamos igual, que seja próximo a esse teatro dentro das diversidades expressões de diversos povos.

O teatro não-índio tem uma dívida para com a nossa cultura. Tem uma dívida porque essa expressão que eu reconheço como sagrada, a arte foi usada como destruidora no passado. Encerro aqui minha palavra fazendo uma proposta para que vocês – muitos aqui são artistas, atores, alguns são diretores – façam uma reflexão e reutilizem essa arte, mesmo como entretenimento, para "descatequizar" aquilo que foi catequizado no passado.

[**Zé Celso Martinez Corrêa**] Kaká Werá, você não sabe como fui completamente complementado. Em São Paulo nós trabalhamos, nós nos concentramos, em círculo. Tenho por base o teatro mais espetacular que eu já vi em toda minha vida: o Xavante, em que se faz uma roda perfeita e nessa roda totalmente perfeita há uma transmissão futurista de energia, de eletricidade. O que acontece não é uma coisa arcaica, é um arcaico futurista, interno, elétrico e cibernético.

Gosto de chamar teatro de te-ato. Como você, também considero o teatro uma celebração, em que há festa, há tragédia, há comédia. Isso porque apareceu um homem no Brasil, que não foi o Mário de Andrade, foi outro Andrade, o Oswald de Andrade, que você deve conhecer também, que em 1928 disse: "Eu não sou mais modernista, eu sou pós-moderno, eu sou antropófago". E isso a história do Brasil não conta.

Até minha geração, os grandes críticos de teatro afirmavam que a história do Brasil começa, no palco e na plateia, com José de Anchieta. Até hoje as peças dele são representadas. Essa é a história dramática em que eu fui educado. Encontrei esse outro brasileiro, esse outro índio, que disse: "Não! A história do Brasil começa quando os índios caetés comem o bispo Sardinha".

O teatro brasileiro, na realidade, começa com a história dos indígenas que devoraram aquele bispo, e num rito que era o maior tabu, a antropofagia, que era considerada o maior pecado. Oswald de Andrade dizia: "A antropofagia não se fazia pela fome, se fazia como ritual, um ritual muito mais profundo que se possa imaginar." Sinto que hoje está havendo no mundo, com a globalização, um movimento que cada vez cresce mais: a descatequização. Sinto que estamos retornado ao nosso índio, ao nosso ancestral, ao nosso corpo ancestral, ao nosso corpo que sabia onde estava, que sabia ouvir, que sabia ver, sabia cheirar, sabia pisar, sabia falar como os bichos, sabia falar com as plantas, sabia que a alma tinha vida, que a pedra tinha vida. A descoberta do corpo coletivo, do corpo em geral, através do candomblé, da macumba, da umbanda.

Estou fazendo cinco peças de um livro chamado "Os sertões". Faz três anos que estou estudando o autor Euclides da Cunha, o personagem Antônio Conselheiro, a região de Canudos. Tudo se concentrava ali, naquele sertão: índio regalado, negro que não come, branco para se livrar da polícia, tudo que era rejeitado. Ali surgiu um líder, em pleno século XIX, quando um mundo inteiro, principalmente no terceiro mundo, milhões morriam de fome por causa de uma imensa seca. Foi um momento que conseguiu reunir, através de uma crendice mestiça, uma grande base indígena, uma grande base negra e uma base também do catolicismo que Roma não suportava, abominava. Euclides da Cunha disse que foi um momento – ele usa uma palavra muito importante – de uma evolução regressiva, um retorno ao estádio mental dos tipos ancestrais da espécie.

**[Plateia] Gostaria que Zé Celso Martinez Corrêa comentasse as imagens em DVD das peças do Teatro Oficina: "Bacantes" e "Os sertões".**

[**Zé Celso**] É um DVD que mostra um rito. É uma tentativa de pegar o teatro na era da cibernética. O espetáculo vai se abrindo a partir do momento que aquele véu vai saindo, o povo vai vivendo uma espécie de sedução. O povo, a multidão entra a participar, usufrui desse de uma maneira maravilhosa. Essa peça começa com sete cantos iniciais, que são os sete cantos do ritual de origem. E evidentemente Dionísio é um deus que se deu muito bem no Brasil, tanto que o antigo grito de Carnaval era a palavra evoé, grito com que, na Antiguidade, se evocava Dionísio durante as orgias. Vamos vendo essa sequência de imagens, as coisas vão acontecendo e as pessoas vão vivenciando aquilo. Foi isso que eu senti.

**[Carla Camurati, da plateia] Acho muito intenso. Na verdade, aquilo a que você assiste é um ritual e tive sensações diferentes. O teatro se expressa muito com música e com imagens, com imagens muitas vezes fortes e violentas. A montagem tem essa liberdade e tem esse confronto, consequentemente o vídeo também tem. É muito lindo porque são criadas dentro de nós sensações e, como praticamente não há texto nenhum, é a música que nos conduz. Vamos nos enfiando num túnel de**

emoções, sem raciocinar direito. Vamos vendo essa sequência de imagens, as coisas vão acontecendo e as pessoas vão vivenciando aquilo. Foi que eu senti.

[**Zé Celso**] Na exibição que fizemos em DVD da peça "Bacantes", começamos cobertos com o véu, depois a gente tira aquele véu e vai se aproximando, até que os DVDs seguintes temos a participação integral de todo o público. Nos "Bacantes" a gente bebe champanhe, vinho tinto, vinho rosado, vinho branco, tudo. E o público vai vivendo aquela embriaguez e vão tendo uma participação muito grande.

"Bacantes" que dizer participação. Detesto teatro de palco italiano, acho que tem que haver sempre essa roda que foi conseguida hoje, essa aliança. Adorei toda a manifestação de Kaká Werá, assino embaixo. Ele acusou o teatro de torar a alma dos índios e ele tem toda a razão, mas agora a gente está renascendo, principalmente por meio dos coros dionisíacos. A função dos coros na realidade grega é exatamente a mesma na macumba ou no Carnaval. Cantamos uma série de cantos que são muito populares, como "Mamãe eu quero", e criamos uma percepção tátil, uma arte tátil.

O espectador vai se integrando. Não é à toa que Hélio Oiticica tirou o quadro da parede e criou o parangolé. Houve uma revolução nesse sentido, porque todos artistas e todos nós somos atuadores.

A performance, a atuação, é uma coisa que nasceu como a espécie, atuação faz parte da vida. Para viver você tem que agir, você tem que performar. É uma arte muito antiga, tão antiga quanto a putaria, quanto a trepada, quanto o amor. É uma arte muita antiga que foi alijada do mundo burguês. O mundo burguês começou cada vez mais a se afastar e começou a formatar uma casta. Essa casta começou a querer ver os espetáculos sentados nas poltronas, a uma grande distância do palco. Em 1968 começou novamente uma revolução. Foi um movimento mundial que no Brasil começou quando apareceu "Terra em transe", "Rei da vela", "Santidade", a Tropicália e todo aquele movimento. Houve um ressurgimento do paganismo no mundo inteiro.

**[Plateia] Eu queria saber de Kaká Werá como seria para o senhor colocar em cena uma celebração de humanidade neste momento.**

[**Kaká Werá**] Seria um tempo violento, um tempo de confusão se fosse colocar um rito, uma celebração. Antes de mais nada, queria comentar que eu vi um rito nessas cenas que passaram no DVD. Vi um rito manifestado, vi uma celebração também, mas neste momento precisamos manifestar algo além da decepção de um passado triste. Precisamos de ritos que estimulem o retorno à fibra ética, ritos que celebrem o retorno a valores de integridade, ritos que celebram e estimulem para uma reintegração como tais aspectos que fazem parte também da ancestralidade do humano. Eu vi ali a roda, o pé no chão, a força do som, vi o rito, vi a essência, queria colocar isso para o Zé: eu me senti reconhecido também nessa apresentação. Mas precisamos ir além, precisamos dar a volta por cima.

[**Zé Celso**] Kaká Werá, houve alguma coisa que eticamente o surpreendeu, que você achou antiético nesse trabalho?

[**Kaká Werá**] Não me referi a esse trabalho, mas falei em relação ao mundo, à Terra, ao Brasil. Com relação ao trabalho, me senti identificado, porque eu vi o círculo, a dança, o pé no chão. Vi um rito que mobiliza energias, forças, não simplesmente performance, mobiliza energia de forças e essas forças se manifestam, e isso está presente.

Estou falando do que eu gostaria de ver. Sobre o teatro que se faz hoje, na verdade eu não posso falar muito, pois sei que há uma enorme diversidade de linguagens e propósitos. Mas eu gostaria de ver cada vez mais os artistas, que são mesmo como guerreiros da arte, estimulando, trazendo essas energias, mostrando a necessidade de uma ética possível, de uma utopia possível. O que os políticos, de modo geral, fazem é farsa e o povo aceita, acha natural. Quando a gente vê isso na televisão – e a televisão é neta do teatro –, o público fica muito mais apático dentro de casa, ouvindo e aceitando aquilo. Eu não quis referenciar o que eu vi aqui, mas o que eu gostaria de ver mais presente.

Eu entendi agora, quando Zé Celso Martinez Corrêa falou em trazer um corpo presente novamente, que a gente precisa de mais. Há organizações que cobram uma ética com integridade, com respeito, com tolerância, há muitas pessoas que agem e fazem um esforço muito grande. Isso tem um alcance e pode atingir a mente das pessoas, mas quando isso é ritualizado atinge-se a alma das pessoas.

[**Zé Celso**] A força que o rito traz está além do bem e do mal, está além da ética. A ética é uma coisa muito perigosa de se falar neste momento, por exemplo, em que o Brasil vive todos esses escândalos políticos. Realmente a política é como se fosse uma arte em decadência. O político é medíocre, precisa roubar, precisa se apropriar da coisa pública, mas, ao mesmo tempo, ele desperta uma outra coisa que é uma hipocrisia enorme, como a de Fernando Henrique, que pediu que o Lula não fosse eleito, e foi preciso despertar um sentimento de indignação.

Acho o sentimento de indignação uma hipocrisia. Nenhum brasileiro, nem eu, ninguém tem direito de se indignar com a situação do país, com a desigualdade social enorme que existe. Como é que eu posso me dar ao luxo de ficar indignado com o que acontece na política, se eu mesmo compactuo com toda a situação brasileira, com toda a desigualdade absurda que existe? Com todo esse Brasil que infelizmente produz bandidos, produz mendigos, produz pessoas que têm que se virar para sobreviver, e produz também o rap, produz a arte, que é uma coisa mais forte que o crime? E eu acho, portanto, que a questão ética passa por uma serie de coisas.

Tem muita gente que acha imoral "Bacantes", por exemplo, porque é uma peça baseada na falta de ética da Igreja Católica, que é a negação absoluta da sexualidade. O Papa pediu de joelhos perdão por tudo que a Igreja Católica tem feito conosco no sentido de nos detestarmos como ser humano, de destetarmos nossa origem, de onde viemos, de detestar o amor, que é a coisa mais fantástica que existe na vida humana. O amor e a sexualidade, não simplesmente o fuque-fuque; a sexualidade é erotismo e erotismo é eletricidade, o erotismo é o elan da vida, a vida é erótica e é bonita. Acho o ritual do teatro, que vem da orgia, profundamente ético, pois é o reconhecimento do ser humano como um ser erótico.

Essa repressão do erotismo é uma das causas básicas da violência e da miséria, a pessoa que não nasce do seu próprio prazer não é independente, não é livre, e a sociedade que pune isso é uma sociedade que cai exatamente nesse moralismo político que existe no Brasil atualmente.

O filósofo Friedrich Nietzsche escreveu um livro muito bonito que se chama "Genealogia da moral", que acho ético. Eu sou amoral, eu confio que a existência do bem e do mal – por exemplo, aquilo que os jesuítas fizeram como índios, um era o bem, o outro era o mal – reflete uma visão primária da vida, uma visão não religiosa da vida. Esse moralismo todo é uma hipocrisia violenta. Realmente, combato muito o moralismo.

O teatro tem que ir fundo, o teatro é pagão, o teatro é pré-cristão. A peça "Bacantes" tem mais de dois mil anos, é uma peça velhíssima, nela você vai encontrar esse coisa arcaica pagã. Em 1968 houve um retorno do paganismo no mundo, nós estamos felizmente retornados ao paganismo, que é uma forma de religião panteísta, é a forma mais maravilhosa que existe.

**[Ana Lúcia Pardo]** Acho que nos conectamos com todos os deuses desse universo. Lembro-me de que fizemos um encontro com lideranças indígenas da Amazônia e o que mais queríamos era poder cultuar os nossos deuses. Acho que falamos um pouco da história do teatro, da nossa história brasileira com Kaká Werá e Zé Celso Martinez Corrêa. Acho que brindamos nesta noite o início do mergulho na teatralidade do humano, falando essencialmente da nossa condição, de como estamos atravessando estes tempos, conseguindo dialogar e melhorar a nossa existência.

# A NUDEZ DE NOSSA ESSÊNCIA

Artigo escrito para o livro "A teatralidade
do humano", promovido pelo Ministério da
Cultura, com apoio do SESC, 2004.

O teatro serviu para cobrir o espírito da cultura dos povos indígenas a partir da direção de José de Anchieta, e teve como palco inicial o Pátio do Colégio, na São Paulo do século XVI. A dramaturgia que foi trazida nestas terras tropicais se utilizou de Gil Vicente e seus autos, e foram cultivando nas culturas locais a ideia de inferno, diabo, pecado e arrependimento.

Como se sabe, com o passar do tempo, nós, os povos indígenas, passamos a representar papéis muito distantes daquilo que somos, passamos a atuar como vítimas pedintes e tuteladas ou crianças. Mas alguma coisa dentro de nossa cultura não morreu e contribuiu para sustentar ainda aquilo que nós chamamos de "nossa tradição" – o espírito do sagrado. Os povos indígenas, num determinado momento, principalmente da década de 1960, desenvolveram certo pensamento, "Agora não devemos lutar para resgatar aquilo que nós éramos antes, agora é hora de analisar o que fizeram conosco e pensar no que vamos fazer daquilo que fizeram de nós". E quando começarmos a pensar o que podemos fazer daquilo que fizeram de nós, veio a estratégia, surgida a princípio entre os Xavantes e entre os Guaranis, de aos poucos tomar as ferramentas da sociedade chamada civilizada, seus códigos, tecnologias, pedagogias, e utilizá-las como modo de veicular os valores e a visão do mundo das matrizes ancestrais do Brasil. Afinal, embora sufocada, a essência e o espírito de cada cultura nativa continua presente sob o disfarce da colonização.

É necessário dizer que perdemos a nossa aparência, que os modos tradicionais de viver foram chamados de "folclore", e a nossa alteridade foi reduzida ao exotismo. Hoje as culturas indígenas estão vestindo calças jeans, camiseta, vendo televisão, escrevendo, utilizando outras formas de expressão, mas trazendo uma essência de valores que vêm de raízes milenares desta Terra.

Eis aí nosso ponto de resistência: fazer com que o ser humano descubra que cada um, independentemente de idioma, etnia, raça, cor, continente, é, no sentido de ancestral, um filho da Terra. Todos nós trazemos a presença de uma natureza dentro de nós, todos nós somos índios no sentido de conexão com matrizes culturais que fundam o mundo e se nos inserem diversos ecossistemas, que os transforma e que também é transformado por eles.

Nesse sentido, o teatro pode ser usado como uma espécie de descatequização, ou seja, um veículo pedagógico, como Anchieta o fez, para descatequizar as mentes distorcidas da atual civilização.

# COSMO-VISÕES

# OS TONS DO SER

Artigo publicado em 1997, para o livro "A Terra dos mil povos", resultado de palestra proferida na Fundação Peirópolis de Educação em Valores Humanos, na cidade de Mairinque

O Índio não chamava nem chama a si mesmo de índio. O nome "índio" veio trazido pelos ventos dos mares do século XVI, mas o espírito "índio" habitava o Brasil antes mesmo de o tempo existir e se estendeu pelas Américas para, mais tarde, exprimir muitos nomes, que depois passariam a ser classificados em etnias.

Então, o que é índio, para o índio? Eu vou responder conforme me foi ensinado pelos meus avós, passado de boca a boca com a responsabilidade do fogo sobre a noite estrelada, e através das cerimônias e encontros por que tenho passado com os ancestrais na Terra e no Sonho.

Para aprender o conhecimento ancestral, o índio passa por determinadas cerimônias, que foram criadas para limpar a mente e para compreender o que nós chamamos de nosso saber sagrado, que é aprender a ler os ensinamentos registrados no movimento da natureza interna do Ser.

Para o índio, sobretudo o Guarani, toda palavra possui espírito. Um nome é uma alma provida de um assento, diz-se na língua, tu-py. É uma vida entonada em uma forma. Vida é o espírito em movimento. Espírito, para o índio, é silêncio e som. O silêncio-som possui um ritmo, um tom, cujo corpo é a cor.

Quando o espírito é entonado, torna-se, passa a ser, ou seja, possui um tom. Antes de existir a palavra "índio" para designar todos os povos indígenas, já havia o espírito índio espalhado em centenas de tons. Os tons se dividem por afinidade, formando clãs, que formam tribos, que habitam aldeias, constituindo nações. Os mais antigos vão parindo os mais novos. O índio mais antigo dessa terra hoje chamada Brasil se autodenomina Tupy, que na língua sagrada, é o abanhaenga, significa: tu = som, barulho; e py = pé, assento; ou seja, o som-de-pé, o som-assentado, o entonado. De modo que índio é uma qualidade de espírito posta em uma harmonia de forma.

Cabe lembrar que tudo entoa: pedra, planta, bicho, gente, céu, terra. É assim, como foi ensinado pelos meus avós, que as vidas acontecem. E para existir uma harmonia de forma, para compor tudo o que entoa grandes entidades da natureza, especialistas da natureza, especialista em escultura, arquitetura, engenharia, pintura, música, e operários da Criação trabalham incessantemente dirigidos por divindades anciãs, a que chamamos "Nhanderus", e pela própria Mãe Terra, que por sua vez são dirigidos pelos mais antigos antepassados, que se tornaram estrelas, os anciãos da raça. De acordo com a tradição, quando uma contraparte da humanidade se tornar estrela, a Terra alcançará sua meta de ser Estrela Mãe.

Os Nhandejaras são os ancestrais do ser humano. Essas divindades têm muitos nomes, pois somos muitas nações com muitas línguas diferentes, ou seja, muitas formas de perceber as realidades sagradas. Esses especialistas da natureza podem ser chamados de Entidades Sagradas, que juntamente com as Quatros Divindades Dirigentes formam o que o índio tupy-guarani chama de Ancestrais Primeiros. É da natureza do índio reverenciar os ancestrais, os antepassados. Faz isso em sinal de gratidão, pois foram eles os artesãos, modeladores e moldes do tecido chamado corpo, feito dos fios perfeitos da terra, água, fogo e ar, entrelaçando-os em sete níveis do tom que somos, assentando o organismo, os sentimentos, as sensações e os pensamentos que comportam um Ser, que é parte da Grande Música Divina.

Em gratidão e memória dos que amalgamam o pote-corpo para que a palavra habite, expresse e flua, existem os ritos, as cerimônias, as danças e os cantos sagrados. Como a terra é a própria materialização da expressão de todos os espíritos, alguns povos de passado recente chamaram o conjunto de celebrações e ensinamentos de Tradição da Grande Mãe.

Em essência, o índio é um ser humano que teceu e desenvolveu sua cultura e civilização intimamente ligada à natureza. A partir dela elaborou tecnologias, teologias, cosmologias, sociedades, que nasceram e se desenvolveram de experiências, vivências e interações com a floresta, o cerrado, os rios, as montanhas e as respectivas vidas dos reinos animal, mineral e vegetal. Há inúmeras características e formas de relações do índio com a natureza, o que provocou o florescimento de muitas etnias, muitas variedades de línguas, muitos costumes.

Estudos dos antropólogos registram atualmente mais de 300 povos indígenas no Brasil. São povos que têm seus costumes e línguas. Por incrível que pareça, alguns deles nunca se encontram, mesmo habitando aqui há milhares de anos. E, segundo ainda aqueles antropólogos, dos povos ou nações indígenas, há quatros troncos culturais básicos, de onde se ramifica uma grande variedade de dialetos indígenas: tupy, karib, jê e aruak. Desses, o mais marcante foi o tupy, que ultrapassou os limites da floresta e penetrou na civilização ocidental que aqui se instalara no século XVI, influenciando hábitos, línguas e técnicas que até hoje persistem no cotidiano brasileiro.

Ao contar a sua história, um índio, um clã, uma tribo parte do momento em que sua essência-espírito permeou a terra e relata a passagem dessa essência-espírito pelos reinos vegetal, mineral e animal. Há tribos que começam a sua história desde quando o clã era formado de seres dos espíritos das águas. Outras trazem a sua memória animal com inicio da história, assim como há aquelas que iniciam a sua história a partir da árvore que foram. Nos milhares de anos que esses povos vêm se desenvolvendo por estas terras, fundamentaram-se três grandes tradições: Tradição do Sol, Tradição da Lua e Tradição do Sonho. Atravessaram três estações cósmicas: Jakairá, Karai e Tupã. Nessa quarta estação procuram fazer a síntese das tradições anteriores, que podemos chamar de Tradição da Grande Mãe, não porque essa variedade de povos aqui existentes assim a nomearam, mas porque, dentro da diversidade de ritos e culturas, têm em comum o culto e a reverência à Mãe Terra, que ofertava (e oferta) tudo de que necessitam.

A cultura de reverência à Mãe Terra foi se formando através dos ciclos das estações da natureza com os povos aqui existen-

tes e houve um momento em que floresceu na região amazôni-
ca, onde a sabedoria deixou rastros através dos fragmentos da
terra.

A tradição Guarani possui uma filosofia milenar e complexa, que é sintetizada em um conjunto de cânticos que formam o AYVU RAPYTA, que significa "Os fundamentos do Ser", que falam de quatro princípios cosmogônicos que sustentam sua visão de mundo. A começar pelo universo, onde, na tradição ancestral, existem três figuras para evocá-lo. A primeira delas é *Nhamandu*, cuja tradução é inominável, aquele que nenhum nome abarca. É o sagrado mistério e a própria vida que nos impulsiona. O segundo nome importante é *Kuaracy*, normalmente traduzido como sol, o que levou à associação da cultura tupy guarani com culturas que veneram o deus sol.

Diz-se que esse sagrado mistério se desdobra em *Kuaracy*, onde *Kuara* significa emanação e *Cy* significa mãe, formando "emanação mãe". É dito nos cantos que esse sagrado mistério se apresenta como uma emanação e uma luminosidade e que nesse desdobramento *Kuaracy* se faz *Tupã*, que é um termo do nosso conhecimento. *Tupã* é o aspecto onde *Tu* significa som e *pã* o desdobramento e expansão. Alguns estudiosos comparam isso com o Big Bang, mas não é bem isso que os tupy querem dizer. Eles se referem ao aspecto manifesto do criador, pois *Nhamandu* é o aspecto imanifesto, o grande silêncio. Podemos supor que *Nhamandu* é o aspecto subjetivo e Tupã a expressão objetiva, a manifestação. Esses são os aspectos mais importantes para se entender como a filosofia tupy apreende o universo.

A tradição ancestral diz, em um segundo momento, que somos um desdobramento desses aspectos, que nós somos *tupy*. Mas o que é um *tupy*? Apesar dos estudiosos erroneamente se referirem aos tupy como etnia, a palavra *tupy* significa som assentado (som + assento). Estar assentado é estar no corpo físico, que é o assento de uma essência chamada som, não o som como o reconhecemos, mas o som no sentido de "consciência vibracional", que é igual à alma. Ou seja, a alma encarnada. Assim, *tupy* é alma encarnada. Desta forma, a definição de homem no sentido de ser humano é som como alma de vibração, de essência. A alma é o som no sentido espiritual, ancorado no corpo físico que é chamado de *py*, ou assento. Isso é o ponto mais importante na filosofia tupy guarani. A sua medicina e a maneira de conceber a estrutura social é a partir desta crença; tudo o mais vai se apoiar nesse princípio.

Outros cantos que falam do homem, do ser, dizem "nós tupy somos uma essência vibratória sagrada e divina habitando temporariamente um corpo que também é vivo". Isso, na tradição tupy, é a causa do sofrimento humano. Uma vida do corpo que tem vontades e desejos instintivos que só atendem a sobrevivência do corpo, e por outro lado, a vida da alma que tem um saber, um princípio mais abrangente, mas que carece ser cuidado, precisa ser olhado e reconhecido no nosso interior para que possa ser expandido como o sol. A tradição tupy desenvolveu um método ou técnica para trazer esse ser que deveria comandar a casa e fazê-lo se expandir, ser nutrido e cuidado; desenvolveu um sistema para cuidar do ser.

Assim, a segunda parte desses cantos fala do som do homem como essência luminosa e vibratória. Já o terceiro fala da Terra que é um desdobramento de *Nhamandu*, um sonho do criador. Ele sonha a Terra e não só ela, sonha também as estrelas e todos os mundos porque cada estrela é um mundo. O que vemos no céu à noite é um sonho do criador assim como a própria Terra, nós seres humanos e a casa em que vivemos. Alguns cantos dizem: "A Mãe Terra *Nhandecy* é um sonho" onde *Nhande* significa "nosso(a)" e *Cy* significa "mãe". Diz a tradição que a Mãe Terra se manifesta e se expressa com um propósito, como se contivesse um programa; é isso, ela vem com um programa (brincando: como o *Windows* não é?). Não é um sonho qualquer, é um sonho vivo que se manifesta como um projeto. Este projeto (ou programa) é chamado harmonia. Por isso a Terra, e não só ela como as estrelas, já trazem a qualidade da harmonia. A lógica é a seguinte: nenhum pai e nenhuma mãe geram um filho para que ele sofra. É o mesmo com a Mãe Terra. Há um canto que diz ainda que tudo o que o ser humano tem a fazer é respirar com Mãe Terra e caminhar de cabeça erguida, porque todo o resto já lhe foi dado. Só precisamos seguir a inspiração que a natureza nos evoca. E essa é uma das mensagens importante dos cantos sagrados.

Mas como se acessa esse programa? Existem chaves que nos conectam com o coração da Terra, com as águas, com o vento, com o fogo, ou seja, os quatro elementos. Para você se conectar com os pais primeiros: a Terra, o Ar, a Água e o Fogo, e para acessar o programa da harmonia, as chaves, ou palavras mágicas que conectam com essas quatro forças, ou melhor, entidades, são duas: *ikoporã* e *aguyjevete*, que traduzo por reverência e gratidão.

Ressalto que para nós seres humanos acessarmos o "programa da harmonia da Terra" temos somente que cantar agradecendo ao dia, à vida, à noite, à lua e às pessoas. Se forem estudar os cantos tradicionais Guarani, irão perceber que 90% dos cantos guaranis são de agradecimento ao dia, ao trovão, à tempestade, à chuva... E então nos perguntamos: como assim, agradecer à tempestade? Sim, é preciso agradecer porque ela tem um papel importante na vida, tem a tarefa de vivificar a terra e torná-la fértil para a agricultura. É fundamental agradecer, porque quanto maior a reverência e gratidão com essas forças, mais cresce o *Avá* no ser interior, e mais ele comanda o *py*. Como sabemos, o corpo tem a sua tarefa e sua função.

Outro aspecto do AYVU RAPYTA trata do nosso propósito na Terra. Há vários mitos, fábulas e contos que procuram dar a explicação para isto. O propósito, na mitologia, é muito simples, e diz: Quando *Nhamandu* se desdobra, quando emana a energia da vida como *Kuaracy*, vai criando as estrelas, o sol, a lua e a terra. Cria as estrelas, mas no coração e na superfície destas é preciso criar também outras coisas, e então, ele sonha o ser humano para ser co-criador, para cuidar do jardim e da casa, porque ele, criador, tem milhões de casas para criar e cuidar. Assim combina com o ser humano que enquanto ele cuida do Todo, o ser humano deveria cuidar da casa, se expressando e se manifestando como *Nhamandu* criando e modelando sempre com a ajuda dos seres da Terra. O propósito do ser humano, nesse sentido, é ser co-criador e jardineiro, tendo como auxiliares seres de grande capacidade que são os espíritos da natureza, isto é, os espíritos da água, do fogo, da terra e do ar.

# KUARACY-KORÁ: COSMOVISÃO TUPY

Existe na sabedoria ancestral da antiga tradição tupy-guarani a ideia de que o mundo verdadeiro se expressa em uma luminosidade incomparável e inenarrável, sendo a mesma a fonte de tudo que existe, de tudo que existiu e de tudo que passará a existir. É a luz que vivifica todas as diversas manifestações de vida. E a esta ideia foi dado o nome Kuaracy. Com o tempo, esta palavra passou a designar também o sol, pois este também, através de seus raios, vivifica a vida. Mas, na etimologia da palavra, o termo "kuara" significa "emanação" e o termo "cy" significa "mãe".

A "Emanação Mãe" ou "Fonte Única", que a tudo ilumina a partir de sua irradiação permanente, forma a base do sistema de crença de uma cultura muito antiga na América do Sul. Isso levou a uma interpretação posterior de que alguns povos deste continente foram adoradores do sol. E, por exemplo, ao observarmos a América Central e a América Andina antiga podem-se ver inclusive templos sagrados dedicados ao sol.

No entanto, em seu sentido mais profundo, não se trata do "sol físico", e sim, como se pode intuir, trata-se da natureza verdadeira da existência, que é percebida pela consciência como uma emanação luminosa. Este "sol" não está exatamente "fora", mas no interior sutil de cada coisa. A imagem que os antigos narradores da tradição tupy evocam é a do núcleo de uma flor, cujas pétalas que se desdobram são resultantes de sua emanação. Além disso, as pétalas também representam diferentes níveis dimensionais da existência.

Comparando os 10 volumes de Bertoni, da obra "Lá Civilizacion Guarani" e os estudos de Leon Cadogan, do livro "Ayvu Rapyta" (Os Fundamentos do Ser), escritos no início do século XX, em Assuncion, Paraguay, fica claro que a sociedade Guarani possui uma profunda, antiga e complexa visão de mundo sustentada em uma relação teocrática e xamânica milenar. Entre cinco mil a três mil anos atrás, os antigos tupy-guaranis representavam através de um círculo de pedras no chão, com uma pedra maior no centro, o que era chamado de "kuaracy korá", a mandala do círculo do sol. Arqueólogos encontraram no sul do Brasil, em Santa Catarina e no Paraná, duas ou três mandalas desse tipo, e ao estudarem, tiveram a suposição de que talvez fosse uma espécie de "relógio solar", onde dependendo de como batia a sombra da pedra maior no centro do círculo, ter-se-ia a menção do tempo. Existem estudos na Universidade Federal do Paraná que falam de uma arqueoastronomia tupy e que propõe a teoria de que estes achados arqueológicos possam ser a representação do "Céu", ou da "Via Láctea", pelo estudo de um dos fragmentos destas mandalas.

No entanto, nesta época os povos não estavam preocupados em marcar o tempo, pelo menos não de acordo com o modelo de relógio da atual civilização. A mandala estampada no chão funcionava como uma representação da cosmovisão ancestral e como um centro catalisador de energias telúricas e sutis da natureza terrena e divina. Neste desenho de pedras, em lugares específicos chamados de "tapejara", se realizavam ritos próprios, de interação de energias do "Céu" e da "Terra".

O desenho mais completo da cosmovisão retrata três círculos concêntricos, no centro uma cavidade ou uma pedra maior, e no entorno desta pedra quatro pedras medianas, pouco maiores que as do círculo trino e menor que a pedra do centro. Os três círculos significam os três mundos; ou níveis dimensionais da existência. Segundo a sabedoria ancestral, a pedra central ou a cavidade, que é o lugar onde se acende o fogo cerimonial, representa a fonte imaterial ou útero divino da vida, e as quatro pedras intermediárias significam quatro direções: o nascente, o poente, o cruzeiro do sul e as três-marias, portais irradiadores da luz da grande Vida.

## KORÁ: O CÍRCULO DOS TRES MUNDOS

A palavra korá significa literalmente círculo. Mas no sentido aqui atribuído se trata de círculos dimensionais da existência. Na filosofia tupy, o ser humano – assim como o círculo do espaço e do tempo – se expressa em três níveis dimensionais da Vida, mas sua percepção está focada somente no nível material, que é chamado, na visão ancestral, de "sombra" do existir e não é o mundo verdadeiro. Os três círculos significam:

1.  O mundo da emanação da vida

2. O mundo da modelação da vida
3. O mundo da manifestação da vida

## A. O mundo da emanação

O mundo da emanação é a fonte irradiadora da existência e possui por si só a qualidade da eternidade e da infinitude. Trata-se do mundo verdadeiro da existência. Desdobra-se em três corpos dimensionais: o corpo da Sabedoria infinita, o corpo do Amor Infinito e o corpo do Poder infinito. Na língua tupy são chamados:

- Mbaé-kuá
- Mboray
- Kuaray

## B. O mundo da modelação

O mundo da modelação representa as dimensões de existência que reúnem aspectos e energias que modelam as diversas formas de vida, as transitórias e as não transitórias. Entre estes aspectos, há quatro qualidades que são governadas por inteligências sagradas, desdobradas da Consciência Divina, que são conhecidas como "os quatro elementos". As entidades que comandam os quatro elementos são chamadas de "Senhores da Forma" pela antiga tradição tupy, que na língua se diz "Nhandejara".

De acordo com essa cosmovisão, estas quatro entidades ocupam simbolicamente quatro portais, chamados de "quatro direções". São elas denominadas:

- Karai-ru-etê – situado no oriente
- Yacy-ru-etê – situado na direção do cruzeiro do sul
- Tupancy-ru-etê – situado no poente
- Jakairá-ru-etê – situado na direção das tres-marias

Existem também os habitantes divinos deste mundo, chamados simbolicamente de "seres-trovões", "seres alados", "seres encantados", alguns deles denominados:

- Nhandejara-tupã
- Ava-jeguaka
- Tupã-mirim

### C. O mundo da manifestação

O mundo da manifestação é o mundo material propriamente dito, onde é ancorada toda emanação de vida através dos quatro reinos: mineral, vegetal, animal e humano. Ele é regido por Nhandecy, a Mãe Terra, também reconhecida como o aspecto feminino da Consciência Divina, de Deus, do Grande Mistério. É o mundo onde traça-se o círculo do espaço-tempo, que causa a ideia de finitude e impermanência.

O mundo da manifestação é também reconhecido pelo seu aspecto tridimensional. O portal de contato e relação passa pelos cinco sentidos. Sua característica principal é a sensação ilusória de separatividade da "Fonte Única da Emanação" da vida, ou seja, das dimensões internas que formam o elo, a sustentação e a irradiação que causa a existência transitória do círculo material terreno. A característica impermanente do mundo da manifestação causa a sensação de vulnerabilidade no aspecto psico-físico no ser humano, pois neste espaço tudo nasce envelhece e morre.

## AS DIVINDADES ARCO-ÍRIS

Kuaracy, o "Grande Centro Luminoso", ou fonte emanadora permanente da vida, em seu eterno fluir, desdobra-se em sete "tons" de expressão, simbolicamente representados pelo arco--íris que se expande de sua "Clara Luz" – tomando emprestado um termo budista – ou seja, sete aspectos da mesma Consciência Divina, que formam um panteão de divindades irradiadoras de determinadas qualidades, que são:

Kuaracy – que representa o aspecto da claríssima luz da emanação

Tupã – que representa o aspecto do som criador, ou vibração, da emanação.

Nhamandú – que representa o aspecto da respiração silenciosa e do ritmo da emanação.

Jakairá – que representa o aspecto que sopra a emanação.

Karai – que representa o aspecto que torna centelha a emanação.

Yacy – que representa o aspecto que torna substância a emanação.

Tupancy – que representa o aspecto que transforma/transmuta a emanação.

Nhandecy – que representa o aspecto que gesta e materializa a emanação

## AVARETÊ: O SER HUMANO VERDADEIRO

De acordo com a filosofia tupi, o ser humano em sua natureza verdadeira é a expressão de um raio da emanação divina, uma vibração do criador que foi modelado pelos quatro elementos através de suas respectivas entidades, que são também em essência expressões do sagrado Mistério Divino.

Ou seja, o ser humano nasce no mundo da emanação, ganha um molde no mundo intermediário e por fim expressa-se no mundo material. Por isso se diz que, microcosmicamente, ele reúne em si os três mundos, assim como todos os demais aspectos da emanação luminosa da vida. Ele reúne também a presença-memória das sete divindades arco-íris, pois toda expressão material é síntese de todas as etapas que foram necessárias para a geração da vida no tempo e espaço material. Por isso que a sabedoria tupy diz que o ser humano traz em si "a marca" de sua divina natureza.

Essa "marca" que o ser humano carrega em si é a capacidade da co-criação através das emanações da fonte divina. Esta habilidade se dá através de portais internos como a inspiração, a intuição, o pensamento, o sentimento e as sensações, que se reúnem de modo sintético através da expressão de sua consciência pela palavra.

No entanto, devido a uma espécie de distorção, conforme ensinam os mestres mensageiros sagrados, provocada pelo foco excessivo de reconhecimento da vida a partir dos sentidos exteriores da manifestação – que grosso modo é a percepção da existência a partir dos cinco sentidos – o ser humano tem a tendência a crer somente no aspecto material da mesma, obscurecendo assim a matriz de seu próprio existir.

O ser humano verdadeiro, o indivíduo em si, é co-criador das diversas realidades aparentes possíveis, inclusive esta "realidade em que vive neste presente momento", pois ele é a síntese, a essência e a expressão dos mesmos aspectos emanados da "Fonte Única", da "Fonte ancestral, presente e futura" da vida. Isto significa também dizer que o momento que cada pessoa se encontra, independente de ser um bom ou mau momento, este não é fruto somente de circunstâncias casuais, sociais, econômicas, e externas. Ele também é resultado do "universo e enredo interior" que cada pessoa porta.

O indivíduo realiza a sua tarefa de co-criador através da mente, e esta verdade está presente em todas as filosofias sagradas. É através de sua consciência, cujo corpo físico é um assento, que o ser manifesta o maior poder que lhe foi presenteado por Kuaracy, a "Fonte Única de Emanação", que é a arte de criar. E esta arte se materializa através da qualidade de seus pensamentos, sentimentos, palavras e ações.

O indivíduo, na tradição tupy, é composto de duas partes, conforme a própria expressão desta palavra, traduzida da língua ancestral; onde a sílaba TU significa "som", no sentido de "expressão vibratória"; e a sílaba PY significa "assento", no sentido de "corpo físico". Portanto, a palavra tupy, em seu significado mais antigo, quer dizer "emanação vibratória assentada em um corpo físico", ou literalmente "som-de-pé".

Tal "emanação vibratória" nada mais é que a consciência, ou mente, mas emprego aqui a palavra consciência por dar uma ideia mais abrangente. Tal assento trata-se não somente do corpo físico em si, mas também do corpo astral, etérico e mental, que juntos, ancoram a essência luminosa que verdadeiramente é o ser humano no círculo do tempo-espaço terreno.

Neste sentido, a tradição tupy afirma que o ser humano não somente provêm da luz, mas também nasce iluminado e luminoso, e ele exerce ao longo da sua vida a atividade de sua luminosidade através de suas inspirações, ideias, emoções e realizações. O problema é que na maior parte de sua vida o indivíduo não se dá conta disso. A tradição tupy afirma também que isto é possível porque na verdade o ser humano é somente uma extensão da "Fonte Única que Emana" a criação.

www.ingramcontent.com/pod-product-compliance
Lightning Source LLC
LaVergne TN
LVHW051101180726
843512LV00020B/1562